나의 외교街 산책

나의 외교街 산책

이성미 지음

My Stroll Along Diplomacy Avenue

올림

이 책에 수록된 이야기들은 미술사학자로서 평생을 연구와 후진
양성에 몰두해 온 나의 인생 항로에서 남편의 새로운 직책으로 인
하여 내가 예기치 않게 경험하게 된 다양한 일들을 기록한 것이다.

국제정치학 교수였던 남편 한승주(韓昇洲)는 1993년 '문민정부
(文民政府)'라고 명명된 김영삼 정부의 초대 외무부 장관에 임명되
었고, 그 10년 후 노무현 정부의 초대 주미대사에 임명되어 각각
22개월 동안 소신껏 자신의 '외교의 길'을 걷게 되었다. 그는 이 기
간 동안의 경험을 우리말과 영문으로 각각 『외교의 길』(2017)과 *On
the Brink*(2018)라는 책으로 출간하였다.

남편이 위의 두 책을 출간할 때 나는 평소처럼 그의 글에서 사실
확인, 문장 다듬기 등의 일을 도와주며 책 전체를 읽게 되었다. 그

과정에서 내가 느낀 것은 그 책들 속에는 내가 들어갈 자리는 당연히 없다는 것이었다. 그러나 나는 그의 외무 장관 시절에는 한국정신문화연구원(현 한국학중앙연구원) 교수직을 유지한 채 외무부라는 거대한 조직의 부인회 회장으로, 또는 장관 공관이라는 일종의 '공기관'의 안주인으로서 나에게 주어진 다양한 일들을 해 왔다. 그의 주미대사 부임 때는 내가 한국정신문화연구원의 한국학대학원 원장 직을 맡고 있었기 때문에 그가 부임한 날 워싱턴으로 같이 갈 수는 없어서 봄 학기가 끝나는 8월 말에 휴직하고 남편과 합류하였다.

10년 간격으로 내가 남편의 뒤에서 해 온 일들은 모든 외무 장관 부인들이나 주미대사 부인들이 했던 일과 똑같지는 않다고 생각한다. 즉 장관 공관에서 외빈들을 맞이하는 행사, 외교단 부인들을 위한 공식 행사 등은 다른 부인들도 해 온 것이지만, 그 이외에 내가 사명감을 가지고 내 생각대로 진행해 온 일들도 상당히 많았다. 워싱턴 시절에는 오찬, 만찬 행사들을 충실히 하면서 그때마다 좀 더 한국적인, 또는 문화적인 면을 부각시키려는 노력을 끝없이 기울였다. 또한 우리 대사관이 워싱턴의 외교 서클에서 결코 뒤떨어지지 말아야 한다는 일종의 책임감을 가지고 되도록 많은 외교 행사에 참여하려고 노력하였다. 이런 모든 일들이 나에게는 새로운 도전이자 흥미롭고 의미 있는 경험이었다.

미술사학자인 나는 역사학자들처럼 기록문화의 중요성을 항상 의식하며 살아왔다. 따라서 나의 새로운 경험들을 되도록이면 많은 글과 사진을 통하여 기록해 두어야 한다고 생각하여 중요한 일들은 그때그때 공문, 편지, 사진, 일기 등의 형태로 보존하려고 애썼다. 지금처럼 스마트폰의 시대가 아니었으므로 대사 관저 부엌에 나의 카메라를 놓아두고 사용하였다.

남편이 워싱턴 임무를 끝마치고 우리 내외는 2005년 2월 중순에 귀국하였고, 그 시점에 나는 정년퇴임을 맞게 되었다. 내 연구실에 있던 많은 책과 서류, 강의용 슬라이드를 도저히 집에 다 들여놓을 수 없어서 퇴임과 동시에 한남오피스텔에 새로운 연구실을 차려야 했다. 퇴임 전 2년 가까이 워싱턴에 있었으므로 당시 출판에 넘겨야 할 연구 결과물들도 많았지만 신선영 연구조교와 함께 우선 나의 '외무부 시절' 기록물들을 나름대로 분류하여 차곡차곡 정리해 놓았다.

한남오피스텔에 연구실을 차려 놓은 지도 어느덧 19년째로 접어들고 있다. 그동안 국문 또는 영문으로 여러 편의 논문과 단행본을 출간하느라 외무부 시절의 기록물들을 들여다볼 겨를이 없었다. 2020년 6월 말, 나의 마지막 저술이 될지도 모르는 수백 페이지에 이르는 조선시대 의궤(儀軌) 관련 영문 책의 원고를 프린스턴대학 출판부에 보내 놓고 출간되기를 기다리는 동안 무료함을 달랠 겸 드디어 그 기록들을 살펴보기 시작하였다. 생각나는 대로 길고 짧은 것도 가릴 것 없이 테마 별로 당시의 일들을 회고하며 열한 편의 글로 엮은 것이 이 책의 주요 내용이다.

제 I부는 남편의 장관 시절에 해당하는 테마의 글 네 편, 즉 1. 〈외무 장관 공관의 안주인〉, 2. 〈클린턴 대통령 내외의 한국 방문〉, 3. 〈재외공무원 자녀 기숙사〉, 그리고 4. 〈외무부 부인회〉로 구성되어 있다. 제 II부는 남편 주미대사 시절의 나의 경험들을 1. 〈주미대사 관저의 안주인〉, 2. 〈주바하마 대사 부인〉, 3. 〈워싱턴의 각종 모금 만찬〉, 4. 〈대사를 대신하여〉, 그리고 5. 〈주미대사 부인의 문화외교〉 등 다섯 편의 글로 수록하였다. 제 III부에는 남편의 장관 시절과 대사 부인 시절에 경험한 일들을 모두 포함한 두 편의 글, 즉 1. 〈외교가(街)에서 만난 사람들〉, 2. 〈남편을 동행한 해외순방〉을 정리해 보았다.

마지막으로 제 IV부 부록에는 위의 글들을 이해하는 데 도움이 될 만한 나의 학문적 성장 배경이라고 할 수 있는 1. 〈나의 미술대학 시절〉, 그리고 2. 〈유학 시절과 우리 가족〉 이야기를 간단히 수록하여 필자의 힘들었던 유학 시절과 아들을 키우며 남기고 싶은 일들을 기록하였다.

　이 글을 쓰는 동안 내 연구실을 방문한 전, 현직 외교부 인사의 부인들 가운데 여러 분이 글을 읽어 주고 도움말을 주었다. 김건 한반도평화교섭본부장 부인인 이희정 고려대 법대 교수는 거의 모든 내용을 읽고 혹시나 외교부에 실례가 될 수도 있는 내용을 지적해 주었다. 최종화 대사 부인 엄규숙 씨는 장관 시절에는 총무과장 부인으로, 주미대사 시절에는 경제공사 부인으로 나를 항상 가까이에서 도와주고 그 당시 상황들을 기억해 주었다. 임성남 전 차관 부인 손정미 여사는 후배 외교관 부인들에게 많은 도움이 될 것이라고 하며 계속 더 많은 글을 남겨 달라고 당부하였다. 그 밖에도 '바하마' 편을 읽어 주고 오류를 지적해 주신 홍성화 대사님(당시 바하마를 포함한 OAS 담당 참사관), 역삼동 재외공무원 자녀 기숙사생의 경험, 특히 도서실의 바퀴 달린 의자의 효율성을 상기하며 나의 글을 재미있게 읽어 준 오자현 씨(오수동 주미공사 따님) 등 많은 분들의 격려와 도움에 감사드린다.

　나의 연구조교인 박혜영은 책 전체를 읽고 교정과 문장 다듬기, 그리고 많은 외국 지명들의 올바른 한글 표기법을 찾아 주었다. 그녀는 또한 뛰어난 컴퓨터 기술로 이 책에 포함된 모든 사진들의 해상도를 높여 주고 되도록이면 글의 내용과 가까운 곳에 배치하는 어려운 작업도 해 주었다. 이러한 컴퓨터 작업을 거치지 않았으면 많은 오래된 사진들이 지금과 같은 효과를 보여 주기 어려웠을 것이다. 박혜영의 도움에 감사한다.

이 글들을 쓰는 동안 모든 편의 글을 읽어 주고 책으로 출간할 것을 격려해 준 남편에게 끝없는 고마움을 표한다.

2024년 4월
이성미

II
Part II

III
Part III

남편을 동행한 해외순방 • 244
Around the World Accompanying My Husband on His Official Trips

My Stroll Along Diplomacy Avenue

I

외무부 장관 공관의
안주인

1993년 2월 26일 아침, 평소와 같이 나는 한국정신문화연구원으로 출근할 준비를 하였다. 그러나 '혹시 몰라' 검은색 정장 차림으로 9시 KBS TV 뉴스를 보고 나가기로 하였다. 이날 9시에 '문민정부'라고 후에 명명된 김영삼 정부의 내각 명단이 발표될 예정이었다.

한승주 외무부 장관 임명 발표의 드라마

남편 한승주 고려대 교수는 이미 1월 중순경에 김영삼 당선자로부터 외무부 장관 제의를 받고 수락한 상태였으나 당선자께서는 부인에게조차 비밀로 하라고 함구령을 내리셨다. 한 교수는 그후 2월 26일까지 외무부나 총무처에서 임명과 관련하여 아무런 연락을 받지 못하였다. 따라서 우리 내외는 이날 아침 TV 뉴스로 장관 임명을 확인하는 수밖에 없었다. 뉴스가 시작되자 국무총리 황인성을 시작으로 경제부총리 이경식, 통일부총리 한완상 이하 내각의 명단이 각자의 사진과 더불어 TV 스크린을 채워 나갔다. 내각 서열 네 번째인 외무부 장관은 '한승주(韓昇洲)'로 되어 있었으나 사진이 있어야 할 자리는 빈 채로 남아 있고 그 대신 검은 선묘(線描)로 사람의 두상(頭像)이 그려져 있을 뿐이었다. 그만큼 외무부 장관 인사가 철저히 비밀에 부쳐진 것이었다.

오전 내내 우리는 축하 전화를 받기에 바빴고 나는 연구원 출근을 포기해야 했다. 우리 일생에 이처럼 많은 꽃 선물을 받은 적이 없을 만큼 화분과 꽃바구니가 온종일 답지하였다. 이 많은 꽃 선물과 유일하게 받은 과일바구니에 달려 있는 보내 주신 분들의 함자가 적힌 리본을 모두 떼어 두었다가 장관 공관으로 이사하여 좀 안정된 후 일일이 감사장을 보내 드렸다. 이 가운데 어느 분이 한 장관을 우연히 만난 자리에서 자신이 많은 선물을 보냈지만 감사장을 받아 본 것은 처음이라고 말씀하셨다고 한다.

이날 오후 2시경이 되어서야 외무부에서 신임 장관을 모시러 비교적 오래된 그랜저 승용차 한 대가 우리 집에 도착하였다. 그 후 얼마 지나지 않아 외무부 총무과 직원 한 사람이 나를 장관 공관으로 안내하기 위하여 우리 집에 찾아왔다.

장관 공관 첫 방문

용산구 한남동의 한남대로에 위치한 장관 공관은 큰길에서 깊숙이 들어가 있는 넓은 대지에 응봉산을 배경으로 국방부 장관, 한미연합사 사령관, 해병대 사령관 등의 군 관계 공관들과 같이 한 '단지' 안에 있으나 입구에는 '외무부 장관 공관'이라는 안내판만 보인다. 모두 다 철저한 보안 유지가 필요한 공관들이기 때문인 듯하였다. 입구로부터 장관 공관까지는 상당히 가파른 언덕길이 있고 다 올라가면 또다시 입구가 있고 초소에 경찰이 보초를 서고 있다.

한 장관은 외무부 출신이 아니므로 나는 한남동 공관에 남편과 같이 만찬에 초대되어 연회장에는 가 본 적이 있었으나 공관 전체를 보게 되는 것은 처음이었다. 그러므로 나는 기대와 우려를 동시에 가지고 공관으로 향하였다. 언덕진 대지에 60년대에 지어진 이 공관은 언덕 아래에 '연회동'이 있고, '주거동'은 차로 조금 더 올라가는 곳에 있었다. 이 두 동은 주거동 현관에서 매우 긴 내부 계단을 통하여도 서로 연결되어 있다. 말하자면 서양 건축의 'split level'(나뉜 층) 구조인 셈이다.

주거동은 그 자체가 2층 구조인데 장관 내외의 기거 공간은 아래층만으로도 충분하였다. 처음 보는 아래층 주거 공간에서 나의 '기대'는 사라지고 그 대신 '우려'만이 가득히 밀려왔다. 한 집의 인테리어, 즉 벽지, 가구 또는 바닥재는 그 집 주부의 취향을 반영하는 것이 보통이지만 장관 공관은 사저(私邸)가 아니므로 반드시 그렇지 않을 수도 있다. 지금 내가 당시의 사정을 잘 모르는 상황에서 나의 이야기만 쓰는 것은 전임자들에 대한 실례를 범하는 것이므로 삼가야 할 일이다. 그러나 우리가 앞으로 5년간(김영삼 대통령의 처음 약속) 살아야 할 '집'인 이곳은 내부가 엉망이어서 머리가 아플 지경이었다.

다음 날부터 예산이 허락하는 범위 내에서 간단한 인테리어 작업에 들어갔다. 침실과 인접한 제법 큰 방을 내 서재로, 기차간과 같이 긴 거실의 끝에 현관과 가까운 방은 한 장관의 서재로 정하였다. 남편은 우리가 살았던 어느 집에서나 항상 책을 많이 가지고 있어야 하는 나에게 자신의 것보다 큰 서재 공간을 차지하도록 배려해 주었다. 한남하이츠아파트의 가장 큰 방(안방) 양쪽 벽에 꽉 찬 책장들을 본 총무과 직원은 이렇게까지는 못해 드려도 서재를 꾸밀 수 있게 해 드리겠다고 하였다. 한 장관이 저녁때 집에서 컴퓨터로 작업을 하게 되지는 않을 것이라 생각하여 내 컴퓨터만 책들과 더불어 '이삿짐'에 넣었다. 그 밖에는 우리가 좋아하는 그림들과 거실에 있던 그랜드피아노를 가져가서 기다란 직사각형 거실의 끝 3분의 1 공간을 채웠다.

벽지와 카펫 교체 작업이 마무리되고 그림들이 어느 정도 걸린 다음 날, 공관의 언덕길 양쪽에 개나리가 만발한 3월 11일에 우리는 드디어 장관 공관으로 이사하였다. 최소한의 인테리어 작업만 하고 들어왔으므로 부엌, 식당, 특히 화장실이 매우 낡고 불편하였다. 당시 공관의 최옥만 관리실장은 나에게 모든 연락 사항이 공관을 통해서 장관님께 전달되므로 하루빨리 입주해야 된다고 매일같이 재촉하였다. 우리 아파트에서 공관까지는 차로 10분도 채 걸리지 않는 거리이므로 우리의 일상생활 권내를 벗어나지 않는 이사임을 감사하게 생각하였다.

이때 모든 준비와 이사, 그리고 정리까지 많이 도와준 당시 최종화 총무과장(후에 브라질 대사 역임)의 부인 엄규숙 씨는 나와 보통 이상의 인연이 있는 분이다. 한 장관이 10년 뒤 2003년 주미대사로 워싱턴에 갔을 때 최 과장님은 경제공사로 그곳에 계셔서 또다시 모든 일에 나를 열심히 도와주었다.

1993년 2월 말의 공관 상황

장관 공관의 연회동은 입구에 집무실, 현관, 대연회장, 소연회장, 아담한 접견실과 남녀 화장실로 이루어진 상당히 큰 공간이었고 대연회장에서 직접 나갈 수 있는 드넓은 잔디 정원으로 이루어졌다. 이 큰 공간과 주거동을 관리하기 위하여 공관관리실장 이하 일곱 명의 인원이 각각 사무직, 정원사, 기사 등의 임무를 맡고 있었다. 1993년 2월 당시에는 최옥만 관리실장이었고, 그 얼마 후 김래혁 실장으로 바뀌었다. 다른 직원들(김수오, 노동섭, 윤복영, 박광호, 김흥곤, 주정호, 유길종)은 22개월간 변함없이 공관에 근무하였고 이들의 점심 마련을 위해 강기순 씨가 매일 아래에 있는 주방으로 출근

EC 각료 접견 및 한 · EC 각료 회의 때 오찬. 1993년 11월 12일.

하였다.

대연회장에는 만찬 전에 칵테일파티를 할 수 있는 커다란 응접실이 있고 이 방의 남쪽 미닫이 유리문을 통하여 넓은 정원으로 나갈 수 있게 되어 있다. 응접실에서 서너 계단 올라가면 대형 식당이 있으며, 남쪽과 동쪽으로 커다란 유리창이 있어 매우 양명하였다. 텅 빈 공간에 입구 왼쪽에는 그랜드피아노 한 대와 오른쪽에 제법 큰 뒤주가 있었다. 연회의 규모에 따라 크고 작은 원탁 또는 타원형 테이블을 놓아 백 명 정도의 정식 만찬(seated dinner)을 할 수도 있었다. 만찬 때는 대개 유리창을 커튼으로 가려 정원의 아름다움을 볼 수 없었으나 오찬 때는 커튼을 열어 두어 운치가 좋았다.

이 밖에도 20여 명 정도의 손님들이 식사할 수 있는 소형 식당과 아담한 접견실이 있다. 이 접견실의 왼쪽 벽에 청전(靑田) 이상범(1897~1972)의 제법 큰 산수화(1961) 한 점이 걸려 있었다. 나는 외교부의 허락을 얻어 이 산수화를 나의 한국 산수화에 관한 영문 책 *Korean Landscape Painting: Continuity and Innovation Through the Ages*(Hollym, 2006)에 도판 1번으로 실었다.

주거동에는 상주하는 아주머니가 우리 일상 식사를 마련해 주셨고 부엌에는 상당수의 금장식 정부 마크 한국도자기와 기타 한식 식기가 약간 있었다. 우리의 일상 식생활에 사용할 수도 있었으나 마음에 들지 않아 일상용 식기는 집에서 가져왔다. 집이 가까워서 수시로 오가며 필요한 물건을 가져올 수 있는 편리한 점도 있었다. 이 낯선 아주머니가 우리 안살림을 잘 챙겨 주시기는 어려울 것으로 생각하여 우리 집안일을 도와주던 미선 엄마를 내가 개인적으

청전 이상범의 〈晩秋(만추)〉, 1961

로 봉급을 주며 매일 오게 하였다.

한 장관은 가끔씩 주말에도 윤병세 보좌관(후에 외교부 장관 역임), 그 후임 오준 보좌관(후에 UN 대사 역임), 최영진 국제정책 심의관(후에 외무 차관, 주미대사 역임) 등 보좌진을 포함한 다른 간부들을 공관으로 불러 회의를 하였고 이때는 주거동 식당에서 점심을 대접해 드려야 했다. 비빔밥이나 파스타 등 간단한 음식이지만 상주 아주머니는 휴일이라 내가 혼자 하기는 힘들어 전부터 공관에서 일하던 요리사 이종순 아주머니를 오도록 하였다. 하루는 내가 만든 파스타를 대접하면서 라자냐도 잘 만들 수 있지만 리코타, 모짜렐라 등 들어가야 할 치즈를 서울에서 구할 수 없다고 하였다. 농담을 잘하는 오 보좌관이 이 치즈를 외국에서 파우치로 가져오도록 하겠다며, 그런데 치즈가 녹아 다른 서류들과 범벅이 되는 것이 문제라고 하여 모두들 크게 웃은 적이 있다. 이종순 아주머니는 매우 조용히 음식을 잘하셔서 우리가 공관에서 나온 후 집에서 손님을 초대했을 때도 오랫동안 도움을 받았다.

이때 우리 집안일을 잘 보살펴 주시며 나를 많이 도와주신 분이 나의 고모님이시다. 압구정현대아파트에서 혼자 계셨으므로 나는 공관에 들어오기 전에 남편이 저녁 약속이 있는 날에는 동호대교를 건너 고모님 댁에 자주 가서 저녁을 얻어먹었다. 워낙 깔끔하시고 음식도 맛있게 하셔서 항상 즐거운 식사였다. 우리 네 자매에게는 고모라기보다는 나이 차이가 많은 큰언니처럼 가까운 분이셨으며, 당시에는 경제적으로 비교적 여유가 있으셔서 운전기사도 있는 차를 쓰시며 나의 시장 볼 일을 도맡아서 해 주셨다. 얼마 전에 타계하신 고모님께 나는 평생의 빚을 진 셈이다. 늘 바쁘다는 핑계로 자주 찾아뵙지 못한 것이 못내 마음에 걸린다.

남편의 잦은 해외 출장 기간에는 일요일 낮에 시어머님과 같이 사시는 큰이모님을 모셔와서 점심 식사를 같이했다. 당시 건강이 좋지 않으셔서 간병인과 더불어 한남하이츠아파트에서 생활하고 계셨다. 식당에서 밖으로 나가면 조그만 마당이 있었는데 그곳에 김장김치 독을 묻고 싶다고 하셨으나 나의 바쁜 일정 때문에 그 말씀을 들어드리지 못한 것이 못내 아쉽게 생각된다.

나의 두 자매들도 한 장관의 잦은 해외 출장으로 내가 혼자 있을 때 나를 위로하러 자주 와 주었다. 언니는 직장이 있으므로 내 일을 도와줄 시간은 없었고 동생은 가끔씩 내가 필요한 물건을 대신 사다 주기도 했다. 그리 자주 있는 일은 아니지만 1994년 어느 날 언니가 나와 함께 저녁 식사를 할 수 있다고 온 적이 있다. 이때 남편은 북핵 협상이 결렬되어 심신이 무척 괴로울 때였다. 그는 나에게 일이 잘 안 되면 사임하겠다고 했는데 언니가 그 이야기를 듣고 "그래도 그 일을 누군가가 해야 하는데 성원 아빠보다 더 잘할 사람이 없으니 참고 계속하라고 일러라" 하며 우리에게 용기를 주었다.

공관에 나무를 심다

하루는 정원사 주 씨가 나에게 공관에 심고 싶은 나무가 있느냐고 물었다. 한국정신문화연구원의 정원에는 가지가지의 나무들이 아름답게 자라고 있었는데 그 가운데 내가 특별히 좋아한 나무가 후박나무였다. 키가 꽤 큰(20미터까지 자란다고 함) 후박나무는 5~6월에 나뭇잎이 많이 자란 상태에서 흰색에 가까운 황록색 꽃이 탐스럽게 피는데 꽃 하나를 여러 개의 잎이 받쳐 주고 있는 양상이다.

마침 한국정신문화연구원의 식당 옆에 커다란 나무에서 떨어진 씨에서 자란 듯한 작은 후박나무가 하나 있었는데 둥치는 아직 매우 가늘지만 키가 1미터가량 되었다. 정원사에게 물은즉 이 나무를 가져갈 수 있도록 잘 파서 싸 주겠다고 하여 무사히 공관 정원에 옮겨 심었다. 그 후 공관 만찬에 초대받을 때마다 이 나무의 안부를 묻고 실제로 잘 자라는 모습을 확인하기도 하였다.

나는 대나무도 심고 싶었다. 사군자(四君子) 가운데 하나인 대나무는 나에게 특별한 의미가 있는 나무이다. 나의 프린스턴대학 박

꽃이 핀 후박나무

사 논문의 테마가 원대(元代) 문인화가 오진(吳鎭 1280~1354)의 〈묵죽보 墨竹譜〉였기 때문이다. 대나무 역시 연구원의 정원에서 얻어다 심었다. 동쪽으로 길게 뻗어 올라간 정원의 맨 끝부분에 당시에는 무용지물이던 조그만 수영장 옆에 심었는데 땅 밑의 뿌리로 잘 번식하는 대나무의 속성으로 인하여 몇 해 지나니 상당히 많아졌다고 한다.

이렇게 하여 나와 인연이 있는 나무 두 종류를 외무 장관 공관에 심어 놓고 이들이 잘 자라기를 바라며 가끔씩 가서 보는 것도 큰 즐거움이었다. 그런데 애석하게도 최근에 눈이 많이 오던 날 가지에 쌓인 눈의 무게를 못 이겨 후박나무가 죽었다는 것이다. 늘 푸른 대나무는 여전히 잘 번식하고 있다니 이것으로 위안을 삼아야겠다.

공관 정원 남쪽 끝에 형성된 대나무 숲. 유길종 행정관 촬영.

크리스토플 식기를 찾아내다

어느 날 나는 부인회 간부들과 간단한 다과를 들며 앞으로의 계획 등을 논의하는 자리를 마련하였다. 찻잔은 정부 마크가 있는 한국도자기를 사용하였고 이때 참석자가 십여 명이 되었으므로 포크와 찻숟가락은 내가 집에서 가져온 두 가지 다른 디자인의 것을 사용하였다. 우리가 미국 생활을 하며 두 번에 걸쳐 다른 곳에서 8인 조씩 사서 쓰던 것들이었다. 지금도 집에서 일상생활에 사용한다. 이때 신두병 당시 의전장 부인 조광자 여사가 나에게 왜 이렇게 짝이 맞지 않는 포크와 숟가락을 사용하느냐고 물었다. 오히려 나는 의아해서 "죄송합니다. 우리 집에 이런 것들밖에 없어서요."라고 변명하듯 대답했다.

조 여사는 공관에 좋은 크리스토플 집기들이 많이 있다고 하며, 신 의전장님이 총무과장으로 계실 때 베트남 대사관이 철수하면서 집기들을 팔았는데 그때 부인이 가서 싼값에 다량의 크리스토플 집기들을 사 왔다고 알려 주었다. 베트남은 프랑스 식민지였기 때문에 고가이지만 오래가는 프랑스제 크리스토플 집기를 사용할 줄 알았던 것 같다. 문제는, 공관의 아래 위 어느 주방에서도 볼 수 없었다.

그날 나는 공관 집무실의 직원들에게 이 은기(銀器)를 찾아보도록 부탁하였다. 며칠이 지나 김흥곤 씨가 나에게 무언가를 찾았다고 보여 주었다. 커다란 상자에 무질서하게 뒤엉켜 있는 많은 나이

프, 포크, 조그만 일인용 버터 접시, 그리고 아름다운 디자인의 촛대들이었다. 그는 이 상자를 주거동의 2층으로 올라가는 계단 밑 창고에서 찾았다고 한다. 얼마나 오랫동안 그 상태로 있었을까?

메종 패턴의 크리스토플 은식기 세트

은기는 열을 받으면 시꺼멓게 변색된다. 어렵사리 찾아낸 은기들이 그런 상태였다. 나는 공관 직원들에게 은 닦는 약을 사다가 한 번 닦아보라고 하였다. 변색의 정도가 하도 심해 직원들은 포기하고 신라호텔에 보내 닦아오도록 하면 좋겠다고 의견을 내었다. 그 호텔은 다량의 은기를 항상 다루는 곳이므로 아마 무슨 방도가 있는 모양이었다. 과연 며칠 후 돌아온 은기는 제빛을 발휘하는 매우 고전적인 '말메종(Malmaison)' 디자인의 세트였다. 지금 기억에 기본적인 다섯 가지(나이프, 포크 2종, 큰 숟가락, 그리고 티스푼) 이외에 생선 요리용 나이프, 크림 수프용 숟가락 등 다양한 것들이 모두 갖추어져 있었다. 약 40인조(人組) 정도는 되었던 것 같다.

공관 부엌살림의 간단한 물목을 작성하다

당시에 공관의 집기 등 물건들에 대한 물목(物目)이 없었으므로 이런 일이 발생한 것이었다. 이때 전면적 조사를 실행해서 모든 물건의 물목을 만들 엄두가 나지 않아 우선 부엌의 도자기와 크리스탈, 은기 등만이라도 기록하기로 하였다. 이태리에 가서 미술을 공부하는 것이 꿈이라고 한 젊은 직원 유길종 씨의 도움으로 부엌의 중요한 살림 목록만 작성하였다. 그림에 소질이 있는 유 씨는 화병들의 문양을 일일이 그려 넣는 등 정성을 보였다.

나는 물목에 사진을 부착해 달라고 당부하였는데 당시에는 지금처럼 스마트폰이 없어 필름 카메라로 사진을 찍었다. 그가 작성해 온 사진이 부착된 물목을 보니 지름이 7.5cm 정도의 작은 버터 접시나 30cm 이상인 '자리 접시(place plate)'를 비슷한 크기로 인화하였다. 나는 그에게 수고스럽지만 이럴 경우 크기를 적어 넣어 달라고 부탁하였다. 정확한 물목이 있어야 제대로 관리될 수 있을 것이라고 생각했기 때문이다.

공관 집무실에 한 장관의 개인 컴퓨터를 가져오다

1993년 4월과 5월 사이에 당시 해외에 근무하시던 대사 부인들께 여러 차례 편지를 드릴 일이 있었다. 4월의 재외공관장 회의 때 일시 귀국한 대사 부인들이 장관 부인에게 선물하던 이전까지의 관행으로 나에게 가져오신 선물을 돌려드리는 일, 그리고 당시 내가 열심히 추진하던 재외공무원 자녀 기숙사 수리를 위한 모금 관련 서신을 보내는 일이었다. 내 서재에서 나의 PC로 작성해도 되지만 공관 사무실 직원들에게 내가 손으로 쓴 편지를 정리해 타자로 찍어 오도록 하였다.

이 일을 도와준 김흥곤 씨가 내가 수정한 내용을 반영해 다시 찍어서 가지고 왔을 때 처음에는 틀리지 않았던 부분을 틀리게 찍어오는 일이 종종 있었다. PC에 입력해서 출력했다면 있을 수 없는 일이므로 까닭을 물으니 공관 집무실에는 전동 타자기가 한 대밖에 없다는 것이다. 외무부 예산으로 컴퓨터 한 대를 사려면 적어도 몇 달을 기다려야 할 것 같아서 나는 우선 집에 두고 온 한 장관의 컴퓨터를 가져오기로 하였다.

PC를 집무실로 옮겨 놓았으나 당시 근무자 가운데 아무도 사용할 줄 아는 사람이 없었다. 하는 수 없이 내가 내려가서 "장관 사모님 옆에 못 앉습니다" 하는 김흥곤 씨를 '억지로' 옆에 앉게 하고 기본적인 PC 작동법과 한글 서류 작성법 등을 가르쳐 주었다. 그리고 시간이 있을 때 컴퓨터를 켜고 이런저런 연습을 해 두라고 하였다. 그 후 두어 번 내 편지를 잘 작성해 주어 큰 도움을 받았다.

그러던 중 어느 날 다시 편지를 부탁하였더니 한동안 아무 말도 못한 채 서 있기만 하였다. PC에 무슨 일이 일어난 것이 분명하였다. 내려가 보니 한글 소프트웨어가 사라진 것이다. 이것저것 연습삼아 만져 보다가 이런 일이 생긴 것이다. 말하자면 '죽은' PC가 되어버렸으니 서류 작성이 불가능하였다. 할 수 없이 한글 소프트웨어를 사다가 다시 깔아 PC를 살려 놓았다. 그 후 젊은 직원들은 모두 잘 배워서 차질 없이 모든 서류를 깔끔하게 작성하게 되었다.

공관 직원들에게 금연 상금을 걸다

공관의 구조적 특징, 즉 연회동과 주거동이 내부 계단 통로로 연결된 점은 편리한 면도 있으나 22개월간 살면서 한 가지 중요한 불편을 겪어야 했다. 다름이 아니라 아래층에서 직원들이 담배를 피우면 굴뚝의 역할을 할 수도 있는 이 층계를 통하여 그 냄새가 곧바로 주거동으로 올라온다는 점이다. 지금처럼 금연구역이 많지도 않았고 사람들이 아무 장소에서나 아무 때나 담배를 피우던 시절이었기 때문에 나는 할 수 없이 직원들에게 계단의 아래위 문을 항상 닫아 두도록 당부하였다. 그리고 모든 흡연자에게 100만 원의 금연 상금을 내걸었다. 가끔 어느 직원이 상금을 탈 수 있을까 문의하면 젊은 직원들은 "사모님 돈 아껴 드려야지요."라고 농담으로 대꾸하였고 결국 우리가 나갈 때까지 아무도 그 상금을 받지 못하였다.

공관의 만찬 운영

공관의 대형 식당 끝부분에 인접하여 제법 규모가 큰 주방 시설이 있었으나 언제부터인지 공관의 모든 연회는 출장 연회(catering) 형식으로 진행하였다. 그렇다고 내가 해야 할 일이 아무것도 없는 것은 아니었다. 당시 문민정부는 검약을 강조하여 만찬 비용을 일인당 30,000원으로 제한하였다. 여기에 와인은 국산 마주앙 백포도주를 넣으면 값은 더 올라가지만 그 정도는 허락되었다. 당시에는 서양 와인을 대접하는 것은 생각할 수도 없을 정도로 비쌌기 때문에 아무리 귀한 외국 손님이 오셔도 마주앙을 대접하였다. 이것도 싸지 않았으므로 나는 웨이터들에게 두 번째 따라 드릴 때부터는 반드시 손님께 여쭈어 보고 따르도록 당부하였다. 만찬이 끝난 후 그 많은 잔들에 반 내지 1/3 정도의 와인이 남아 낭비되는 것을 보았기 때문이다.

케이터링은 신라, 힐튼 그리고 워커힐 호텔에서 해 왔는데 이때 우리는 중국식이나 한식을 주문하였다. 제한된 예산으로 메뉴를 고르는 것은 쉽지 않았으나 그런대로 호텔들이 잘 협조해 주었다. 그런데 한식을 할 경우 각자 앞에 놓는 김치 그릇에 깔끔하게 뚜껑을 덮는 호텔은 신라밖에 없어서 나는 계속 신라호텔로 주문하게 되었다. 다른 호텔에서 섭섭하게 생각한 것을 알기는 했으나 할 수 없었다. 손님들이 들어오시기 전에 김치 냄새를 풍길 수는 없었다.

이렇게 나의 판단에 의해 평소에는 신라호텔에서 케이터링을 했으나 외무부의 의전실과 총무과에서는 연말의 외무부 출입기자단 만찬이나 봄에 있는 재외공관장 만찬 때의 대형 행사에 롯데와 힐튼 등 다른 호텔들을 이용하여 그럭저럭 균형을 잡게 된 셈이었다.

만찬 테이블의 상화

만찬 테이블 위의 꽃과 촛불 장식 그리고 현관 입구의 커다란 꽃 장식은 내가 책임져야 할 일이었다. 다행히 그때 공관에서 가까운 한남슈퍼 입구에 꽃집이 하나 있었고 그곳의 젊은 여주인과 마음이 잘 맞아 어려움 없이 일해 나갈 수 있었다. 이때 나는 원탁의 가운데에 올려놓을 수 있는 꽃꽂이 용기에 촛대가 아예 처음부터 삽입될 수 있도록 고안하여 몇 개인가를 새로 주문해 만들었는데 그런대로 쓸 만하게 되었다.

우리가 공관에 입주할 당시 현관에는 제법 큰 조화(造花) 장식이 있었는데 낡고 먼지가 쌓여 별로 좋아 보이지 않았다. 내가 이 조화를 버리겠다고 하니 최 공관관리실장은 그 꽃꽂이가 고가품인데 버릴 수 없다고 하였다. 그러나 나는 내가 공관에 있는 한 조화를 쓰는 일은 없을 것이라고 말하고 더 이상 그 문제를 거론하지 않았다. 그 대신 나는 작지만 생화 꽃꽂이를 입구에도 장식해 놓았다.

1993년 11월 12일 한·EC 각료를 위한 오찬의 상화(床花)와 촛불

실은 조선시대 궁중의 모든 잔치에는 상화와 실내 장식화 모두 초기에는 종이, 후기에는 사권화(絲圈花)라는 비단과 은(銀) 철사로 만든 조화를 사용하였다는 것을 나는 후에 나의 진찬(進饌: 진연보다 규모가 작고 의식이 간단한 궁중의 잔치), 진연(進宴: 나라에 경사가 있을 때에 궁중에서 베풀던 잔치) 관련 의궤 연구에서 알게 되었으나 그 당시에는 지금처럼 사철 생화가 없던 때였기 때문이었다고 생각하였다. 아무리 잘 만들어도 조화는 나에게는 꽃이 아니었다.

우리 역사상 초유의 공직자 재산등록과 공개

　1993년 6월 11일, 김영삼 정부는 공직자윤리법 개정을 단행하면서 고위 공직자의 재산등록을 의무화하였다. 공직자 자신과 배우자 그리고 직계 존비속의 모든 재산을 국가에 등록할 뿐만 아니라 언론을 통하여 일반에게 공개하도록 한 것이다. 이때 우리 사회의 센세이션은 가히 상상을 초월한다. 중앙일보 가판(街版)에는 한남하이츠아파트 1동의 사진과 더불어 한승주 외무 장관의 아파트가 7억에 달한다는 기사가 크게 실렸다. 모 장관은 강남에 큰 빌딩을 소유했다고 해서 장관직에서 물러나야 했다. 우리 아들 내외는 당시 캘리포니아대학교 버클리(UC Berkeley) 대학원생이었고 재산이랄 것이 없어 비속(卑屬)을 포함시키지는 않았다. 존속으로 한 분 계시는 시어머님의 재산을 합쳐 등록하니 약 14억에 달하였다. 내각 구성원 가운데 변호사 출신인 황산성 환경처 장관 다음으로 한 장관이 '재산가'로 나타났다.

신문 기사가 나간 6월 11일 아침, 한 장관은 출근하면서 공관 직원들에게 아무 일 없을 것이니 동요하지 말라고 하였다. 이때 가까운 분들은 우리처럼 모든 것을 그대로 노출시켜 등록하는 사람은 없을 것이라며 고지식한 남편을 동정하였다. 그럴 필요도 없었지만 한동안 남들 앞에 나가는 것이 기분 좋은 일은 아니었다. 우리 아파트의 값이 11년 사이에 그렇게 많이 올랐던 것은 당시 서울의 비정상적인 부동산 시장 탓이지 우리의 잘못은 아니었다. 물론 아무 문제 없이 잘 지나간 일이기는 하지만 어쨌든지 당시 우리 내외는 고위 공직에 대한 '대가'를 호되게 치렀다.

요즈음 우리 기사가 동사무소에 무슨 서류를 떼러 가면 직원이 그에게 "아니 어떻게 35년이나(1982년부터 2017년까지) 그 아파트에 그대로 사세요."라고 한다고 전해 준다. 나는 다음에 누가 또 그러면 "우리 사모님이 공부만 하시느라고 재테크를 못하세요."라고 하면 된다고 일러 주었다.

대사 부인들, 직원 부인들과의 대화

장관 부인의 '임무' 가운데 하나가 해외에 근무하다가 돌아온 대사의 부인들을 접견하는 것이었다. 다른 외무부 구성원의 부인들도 수시로 면담 신청을 해 왔다. 공식적인 임무는 될 수 없으나 일종의 외무부 내의 전통 같은 것이라고 생각한다. 접견 방식에 관해서 나에게 장황하게 조언을 해 준 사람도 있었으나(누가 다녀갔는지 서로 알지 못하도록 먼저 온 사람이 떠난 후 한참 지나서 다음 사람이 들어오게 하라는 등등) 내가 그런 조언을 받아들일 필요는 없었다. 더욱이 나는 직장이 있는 사람이므로 수시로 접견 스케줄을 잡을 수 없었다. 지금은 공공부문, 민간부문 모두 주 5일 근무제가 정착되었으나 당시는 대부분의 기관들이 토요일도 오전까지 근무하는 것으로 되어 있었다. 따라서 나는 접견 시간을 토요일 오후로 제한하는 수밖에 없었다.

공관관리실장은 접견 신청이 많이 들어와 있다고 늘 걱정스러워했다. 할 수 없이 나는 접견 시간에(대개 삼십 분 정도) 서너 명의 부인들을 한꺼번에 만나는 방식으로 진행하였다. 어떤 대사 부인은 이 방식에 강하게 반발하기도 했다. 여럿이 함께 들어오는 경우 어느 한 사람이 특별한 부탁 같은 것을 할 수 없는 것은 사실이다. 부탁한다고 내가 들어줄 수도 없는 일이지만 가끔 곤란하게 느꼈던 일들도 있었다. 심지어는 나의 연구실로 예고 없이 찾아와서 남편의 다음 부임지에 관한 사정을 해서 나를 매우 곤란하게 하는 경우도 있었다.

문민정부는 처음부터 청와대로부터 '청탁 안 하기''선물 받지 않기' 두 가지를 강하게 내세웠다. 참으로 훌륭한 일이라고 생각하였다. 국무위원 부인들이 영부인 생신 때 돈을 모아 병풍을 하나 꾸며 보내 드렸으나 돌려보내셨다. 그러므로 대사 부인들이 주재국의 특산품을 나에게 선물하는 것을 모두 돌려드렸다. 상당히 섭섭하게 생각하는 부인들도 많았다. 나는 영부인 이야기를 하며 돌려드리면서 마음이 무척 편하였다. 문제는 남편보다 선배인 대사 부인들의 선물을 거절하기 어려웠던 것이다. 김재신 현 주필리핀 대사가 장관 비서관으로 있을 때 나에게 대 선배님들의 선물을 거절하는 것은 매우 실례라고 하였지만 할 수 없는 일이었다. 선물이란 원래 좋은 뜻과 정성 어린 마음을 담은 아름다운 것인데 이때 나는 그와 같은 선의를 그대로 받아들일 수 없는 입장이었다.

나는 미술사 공부를 위해 여행은 비교적 많이 했으나 미국 이외의 외국에서 장기간 살아 본 적이 없었으므로 유럽, 특히 동구권, 아프리카, 동남아 등지에서 근무하다 들어온 대사 부인들과의 대화 시간에 이들 먼 나라의 풍습, 문화, 사람들에 관해 많은 것을 배우게 되었다. 정태익 주이집트 대사 부인 민강희 여사는 카이로에 부임하자마자 '카이로의 하얀집'으로 불리는 새로운 관저를 짓는 엄청난 임무를 맡게 된 귀중한 경험도 들려주었다. 그런 점에서 면담 시간은 나에게 긍정적인 면도 많았다. 낯선 환경에서 나라를 위해 애쓰는 훌륭한 외교관들에게 감사하게 되었다.

외국 대사 부인들 접견

자주 있는 일은 아니었으나 나는 가끔 외국 대사 부인들을 접견하였다. 1994년 1월 28일에는 프랑스 대사 부인 페로(Perreau) 여사가 이한(離韓) 예방을 신청하였다. 외무부에서 내게 준 자료에 의하면 그녀는 전 주한 대사의 누이동생이라고 했다. 그런 연유도 작용했겠지만 그녀는 한국에 있는 동안 매우 적극적으로 한국을 알리고자 많은 노력을 하였다고 한다. 매우 고마운 일이다. 아이들도 프랑스인으로는 드물게 넷이나 낳아 키웠다니 매사에 적극적인 여성이다. 무엇보다도 아이를 하나밖에 못 키운 나는 그녀가 매우 부러웠다.

1994년 3월 5일에는 두 차례에 걸쳐 외국 대사 부인들을 접견하였다. 먼저 유고슬라비아의 에뜨르(Etre) 대사 부인과 벨기에의 메리너(Meriner) 대사 부인의 이임 예방을 받았다. 이들은 각각 5년 1개월과 3년 남짓한 기간 한국에 있었다고 하였다. 모두들 한국 생활을 무척 즐긴 듯 "한국을 사랑하게 되었습니다.(Fell in love with Korea)"라고 해서 듣기 좋았다. 한국 사람들이 외국 대사 부인들에게 잘 대해 주기도 하고 또 한국 생활을 즐길 만큼 충분한 기간을 머물렀기 때문인 듯하였다. 외국에 파견되는 우리나라 대사들은 임기라고 할 것이 없이 너무 자주 교체된다는 생각을 하였다.

그 한 시간 후에는 아세안(ASEAN)으로부터 필리핀, 브루나이, 인도네시아 대사 부인들이 한꺼번에 나를 예방하였다. 1993년 7월에 인도네시아의 수도 자카르타에서 있었던 아세안 확대외무 장관회의(ASEAN Post-Ministerial Conference - 한국은 1991년부터 참여)에 한 장관과 동행한 경험이 있어 이들 세 부인과의 대화 시간은 즐거웠다. 인도네시아는 아름다운 색채의 날염(捺染 batik)의 나라이자 서양란이 매우 무성한 곳이어서 ASEAN PMC 만찬 장소를 온통 갖가지 색의 난화(蘭花)로 장식한 것이 매우 인상적이었다는 이야기도 했다. 또 왠지 한 장관이 ASEAN 부인들에게 매우 친절하다는 이야기도 있었다. 아마 장관 임명 몇 년 전부터 그는 한국과 동남아 학계 간의 교류를 위해 많은 애를 써 왔고 장관 취임 직전에 한국 최초의 동남아학회를 설립하고 그 초대 회장을 맡았던 것 때문이 아닐까 한다.

브루나이 대사 부인은 교육학 교수라고 하며 자신이 다니던 대학의 카탈로그를 한 권 가져다주었다. 그녀는 내가 당시에 내 직업을 유지하고 있는 것에 대해 긍정적인 이야기를 해 주어 매우 고마웠다. 이들의 눈에 비친 한국 사회의 이야기도 재미있었다. 필리핀 대사 부인 베네딕토(Benedicto) 여사는 한국 교회에 다닌다고 하며 자기 나라에서는 교회가 가득 차는 일이 없는데 한국 교회는 늘 꽉꽉 차는 것을 보면 한국 사람들이 매우 종교적이라고 하였다. 세 부인은 각기 자국의 조그마한 공예품들을 나에게 선물하였고 나는 그들에게 내가 편집한 전시 도록 〈한국 전통생활의 미: *Korean Costumes and Textiles*〉를 한 권씩 답례로 선사하였다.

이 책은 1992년 봄 뉴욕의 IBM 갤러리에서 미국 최초로 한국의 의상과 전통 보자기들을 선보인 전시를 위해 쓴 것이었다. 당시 나는 한국 전통 복식사의 대가이신 석주선(1911~1996) 교수님의 지

도하에 이 책을 영문으로 작성하였
다. 한국 IBM 측에서는 자사 창립
25주년 기념행사로 이 도록의 출
판을 후원하였다. 나에게 책을 여
러 권 주셔서 당시 내가 외국 손님
들에게 선물용으로 잘 쓴 데 대해
지금도 감사하게 생각한다.

〈한국 전통생활의 미: *Korean
Costumes and Textiles*〉

　신임 대사 여러 사람이 비슷한
시기에 부임하면 나는 공관에서 그
부인들을 위한 오후 다과회를 열고 이때 서울과 근교의 박물관과
미술관을 소개하는 문화프로그램을 열었다.(이 이야기는 〈외무부 부
인회〉 편에 자세히 소개한다.)

　공관의 화장실을 고치다

　한 장관 재임 시 두 번에 걸쳐 나는 연회동과 주거동의 화장실 개
조 공사를 실시하였다. 당시 외무부에서는 공관 안주인이 공관에
‘손을 대면’ 장관이 물러나게 된다는 소문 비슷한 징크스가 있었다.
그래서 그런지 공관이 매우 낙후된 상태였다.

　1993년 가을에는 연회동의 화장실을 우선 고치기로 하였다. 마
침 그즈음 어느 여류 건축가에 관한 신문 기사를 보고 마음에 들어
그 건축가에게 연락하였다. 가장 마음에 걸렸던 것은 당시 남자 화

장실의 입구가 손님들이 드나드는 곳에서 잘 보이는 위치에 있었는데 많은 경우 그 문이 열린 채 방치되어 있었고 남자 변기가 곧바로 마주 보이게 자리잡고 있는 것이었다. 전체적으로 낙후되기는 했으나 비교적 공간은 넉넉하여 변기의 위치를 90도 각도로 돌려 입구 문이 열려 있어도 절대로 보이지 않도록 설치할 수 있었다.

여자 화장실 역시 공간은 넉넉하였으나 세면대는 하나, 변기 칸은 두 개가 있었다. 부부 동반 행사가 있을 때면 여자 화장실에 항상 긴 줄이 형성될 수밖에 없었다. 변기 칸을 셋으로 늘리고 세면기는 카운터를 만들어 두 개를 설치하였다. 카운터 위에는 작은 화병을 놓아 장식하였다. 그리고 남녀 화장실 모두 벽면에 그림 프린트들을 사다가 간단히 액자에 넣어 장식하였다. 두 화장실 모두 분위기를 일신한 셈이다.

이들 공사는 9월 중순 이후 우리 부부가 UN 총회 참석 차 뉴욕에 머물고 있는 동안 진행하였다. 12월이 되자 개각 여론이 분분하였다. 그러나 화장실 공사의 징크스를 넘어서 남편은 김영삼 정부가 출범 10개월 만에 단행한 첫 번째 개각에서 유임되었다.

주거동 내실 화장실 역시 공간은 무척 넓었으나 침실에서 멀리 돌아가야 해서 접근성이 떨어지고 불편한 데다가 볼품없는 곳이었다. 1994년 가을 나는 같은 건축가를 다시 불러 내 의견을 개진하고 이 공간에 내실 욕실(full bath) 하나와 거실과 서재 쪽에 가깝게 파우더룸(powder room, half bath) 하나를 만들었다. 주거동 현관 옆에 작은 화장실이 하나 있기는 하지만 내실에서 쓰기에는 여러 가지로 불편한 위치에 있었다. 장관 내외가 동시에 급히 차려입고 외출해야 하는 경우가 종종 있어 이럴 때 내실 가까이 작은 파우더룸이 하나 있으면 좋겠다는 생각을 해 왔는데 다행히도 그것이 가능하였다.

우리는 1994년 여름에 스칸디나비아반도의 세 나라 순방을 다녀왔는데 이때 우리가 머문 아름다운 목조건축인 핀란드의 영빈관 화장실을 보고 나는 그 가운데 몇 가지를 우리 공관 화장실에 옮겨 보려고 하였다. 내가 제일 하고 싶었던 것은 세면대 카운터 위 천장 바로 아래 벽을 옆으로 긴 직사각형으로 뚫어 채광용 유리창을 만드는 것이었다. 말하자면 사람의 키보다 훨씬 더 높은 곳에 있는 채광창(採光窓)인 클리어스토리(clearstory, 고측창 高側窓) 창을 만드는 것이다. 이 아이디어는 서양 교회 건축에서 유래한 것이지만 핀란드 영빈관 화장실에서 이 창을 통해 녹음과 광선이 적절히 화장실로 투영되는 것이 무척 인상적이었다.

이때는 1993년보다 공사가 좀 클 수밖에 없었다. 우선 우리 침실 안쪽 벽을 조금 헐어 화장실로 직접 들어갈 수 있는 문을 만들었다. 핀란드 영빈관 모델로 욕실에는 여성용과 남성용 각각 한 개의 세면기를 기다란 카운터에 설치하고 세면대 카운터로부터 동그란 작은 구멍을 통하여 휴지 등 작은 쓰레기를 카운터 아래에 있는 통으로 직접 버릴 수 있게 하였다. 그 구멍의 위에는 누르면 돌아가는 스테인리스강 뚜껑으로 마감하였다. 쓰레기통을 찾아 버리느라 몸을 구부릴 필요가 없어졌다. 그러나 애석하게도 공관의 천장이 높지 못해 채광창은 만들지 못하였다. 그 대신 세면대 거울 위에 할로겐 전구를 달아 빛을 밝게 해 놓았다. 벽에 조그만 그림을 걸어 장식하는 것도 잊지 않았다.

이렇게 정성껏 나의 견문과 아이디어를 쏟아부어 만들어 놓은 화장실을 우리는 두 달 정도 사용할 수 있었을 뿐이다. 5년 임기를 같이할 것이라는 김영삼 대통령의 초심은 지켜지지 않았고, 이번에는 한 장관이 '화장실 수리 징크스'를 피해 가지 못하고 1994년 12월 23일의 문민정부 두 번째 개각 때 경질되었다. 해마다 연말이 가까워지면 일종의 '개각 열병'을 앓는 나라와도 같았다.

다시 정든 우리 집 한남하이츠아파트로

1994년 12월 23일, 나는 오전에 한국국제교류재단의 해외 박물관 지원사업에 관한 회의를 마치고 한국정신문화연구원으로 출근하였다. 김영삼 정부의 두 번째 개각에 관한 소문이 파다하였으므로 당시 교류재단의 손주환 이사장님은 회의를 끝내고 나가는 나에게 "유임을 축하합니다."라는 인사말을 건네셨다. 손 이사장님은 영부인 손명순여사의 가까운 친척이시다. 임명자인 대통령이 경질되는 장관에게는 미리 말씀을 하시지 않기 때문에 우리 내외는 각각 자신들의 집무실에서 오후 2시 라디오 방송을 통해서 이 소식을 접하였다. 남편의 유임을 기대하고 있던 것은 아니었으나 라디오 방송에서 그의 경질과 함께 신임 공노명 장관님의 성함을 듣게 되었다.

순간적인 마음의 동요에서 벗어나 조금 안정을 취한 다음 나는 공관의 김래혁 실장에게 전화하였다. 나와 그의 통화는 다음과 같았다.

"이사를 해야겠지요?"

"네."

"언제쯤 할까요?"

"오늘 하셔야 합니다."

신임 공노명 장관님은 개각 당시 주일대사로 동경에 머물고 계셨다. 미리 귀국 준비를 하고 계셨을 수도 있으나 김 실장의 "오늘 하셔야 합니다."라는 말을 듣고 나는 어이가 없었다. 연구원에서도 대부분의 사람들이 개각 소식을 들었을 것이므로 나는 예술 연구실 조교에게만 일찍 집에 가야 한다고 말하고 곧바로 공관으로 돌아왔다. 그날로 몸만 우리 아파트로 돌아가는 것은 가능하였으나 내 서재의 책과 컴퓨터, 대형 컬러 프린터, 강의용 슬라이드 서랍장 등등의 서재 짐만 해도 오후 네 시경부터 옮긴다는 것은 불가능하였다. 여기에 피아노, 그림 등 거실 물건과 우리 내외의 옷 등 이삿짐이 많지는 않았으나 어느 정도의 준비는 필요하였다.

공관에 도착하니 김 실장은 일본에서 연락을 받았는지 오늘 당장 갈 필요는 없다고 하며 그 자신도 좀 여유를 찾은 듯했다. 그 다음 날 24일 아침, 이삿짐센터의 사람들이 와서 짐을 꾸리기 시작하는데 남편은 나가지 않고 있었다. 그가 있다고 해서 도움을 줄 것도 아니므로 나는 빨리 나가 주시라고 말씀드렸다. 그의 대답은 "여보, 나 갈 데가 없어요."였다. 그때를 생각하면 나는 지금도 그에게 미안한 마음이 가슴 깊이 남아 있다. 24일에 짐을 싸고 크리스마스 날인 25일에 공관에서 차로 10분 정도 거리에 있는 한남하이츠아파트로 돌아왔다. 겨울이지만 햇볕도 따뜻하고 비교적 포근한 날씨여서 무사히 이사를 끝냈다. 이때 24, 25일 이틀 동안 처음부터 끝까지 우리의 이사를 도와준 박건우 당시 차관 부인 문희옥 여사에게 항상 감사하고 있다.

공노명 장관님은 남편의 고교 7년 선배이시고 우리가 교수 시절인 1986년 여름에 브라질을 방문했을 당시 그곳 대사로 계시며 우리를 극진히 대접해 주셨다. 그 후 1986년부터 1987년까지 남편이 록펠러 형제 기금(Rockefeller Brothers Fund)의 선임연구원(Distinguished Fellow)으로 뉴욕에 머물렀는데 1987년에는 뉴욕 총영사로 부임하셔서 그분과 다시 가까이 지낼 기회를 가졌었다. 지금은 이미 고인(故人)이 되신 자상하셨던 사모님은 내가 여행 중 치통으로 고생할 때 좋은 진통제도 구해 주셨다. 주일대사로 가시기 전에는 외교안보연구원 원장으로 계셨는데 내가 외무고시 합격자들을 위한 문화강좌를 하고 나오는 길에 꼭 현관까지 나오셔서 나를 배웅해 주셨다. 동경에서 귀국하신 직후 우리 내외를 저녁 식사에 초대해 주셨는데 그 자리에서 "장관 공관에서 화장실밖에는 쓸 만한 곳이 없더군요"라고 하셨다.

장관 공관 편(篇) 후기(後記)

장관 공관 편을 마무리하면서 나는 당시의 우리나라 개각 관행이 퇴임 장관들에게 얼마나 큰 결례를 범하는가를 새삼스럽게 느끼지 않을 수 없었다. 라디오를 통해서 자신의 경질 소식을 듣게 되는 당시의 모든 장관들은 각 부처의 현안들을 해결하기 위해 끝까지 애쓰신 분들이다. 이분들에게 임명자가 한 분 한 분 직접 전화라도 해 주며 그 동안의 노고를 치하하고 경질의 불가피성을 잘 말씀해 주는 것이 예의가 아닐까 한다.

남편은 북한의 핵 동결 대책으로 미국이 경수로를 북한에 제공하기로 한 북한과 미국 사이의 1994년 10월 21일 제네바 합의(The U.S.- North Korea Agreed Framework)를 이끌어내기 위해서 몇 달 동안 뉴욕으로, 유럽으로, 북경으로 쉴 새 없이 날아다니느라 허리에 탈이 나 공관으로 침술사를 초치하여 침을 여러 번 맞아야 했다. 10월 20일에는 밤새도록 유럽과 미국에 여러 차례 전화 통화를 하느라 우리 내외는 밤잠을 완전히 설쳐야 했다.

10월 21일 그는 '한국이 빠진' 이 합의에 대하여 불만을 품은 기자들에게 합의 과정의 자초지종을 설명하느라고 온종일 시달려야 했다. 나에게는 언론은 수학에서 어느 문제의 마지막 답만이 중요하지 그 풀어나가는 과정은 전혀 몰라도 된다고 생각하는 사고방식의 소유자들이라고 생각되었다. 1차 북핵 위기를 해결하느라 임기의 처음부터 그리도 애쓴 남편에게 당시 여론은 매우 비판적이었다.

장관의 부인으로서 나는 외교가 전공도 아니고 내가 정책에 관여할 바도 아니지만 남편의 관심사를 공유하고 그와 대화를 나눌 수 있어야 한다고 생각했다. 또 본국과 외국의 대사 부인들을 만날 때 날씨나 음식 이야기만 할 수는 없는 일이었다. 그들과의 대화 자체가 외교 활동이었고 그 과정에서 서로 배우고 알려 주는 것이 있기 마련이기 때문이다. 장관 부인이나 대사 부인은 공식적 타이틀이나 보수 없는 외교관의 역할을 한다고 생각한다.

클린턴 대통령 내외의
한국 방문

미국의 제42대 대통령 빌 클린턴(Bill Clinton)과 영부인 힐러리 로댐 클린턴(Hillary Rodham Clinton) 내외는 1993년 6월 7일 한국을 방문하였다.

비행장 영접

외무부 장관 부인의 임무 가운데 하나는 외국 국가수반 방한 시 장관과 함께 비행장에 나가서 그들을 영접하는 것이다. 전용 비행기로 방한하는 국가수반들은 대개 성남시에 위치한 서울공항(공군 비행장)을 이용한다. 당시 나의 직장인 한국정신문화연구원은 이 비행장에서 약 15분 거리에 있었다. 나는 이런 영접 행사가 있는 날에는 출근할 때 공식 행사에 어울리는 복장을 한 벌 가지고 가서 걸어 두었다가 비행장으로 떠나기 직전에 갈아입고 나갔다. 비행장에 가는 길에 차 안에서는 외무부 의전실에서 마련해 준 그날 행사의 세부 의전(儀典) 절차가 적혀 있는 작은 수첩을 가지고 이를 숙지하면서 갔다.

서울 비행장의 대기실에는 장관, 의전장, 그리고 대통령을 수행하기 위해 일시 귀국한 한승수 주미대사 내외 등 여러 분이 비행기 도착을 기다리고 계셨다. 의전실에서는 나에게 어느 지점에서 어느 방향으로 돌고, 거기서 몇 발자국 간 후 또 어느 방향으로 돌아야 한다는 구체적 지침을 가르쳐 주었다. 나는 이 과정이 당시 내가 연구하던 조선시대 의궤 기록 가운데 의주(儀註)라는 부분에 명시된 절

1993년 6월 7일 서울공항 영접

차와 대략 같은 것이라고 생각하니 매우 재미있었다. 그 절차는 국왕을 위시하여 그 의식(儀式)에 참여하는 주요 인물들을 위한 단계별 구체적 행동을 보여 주는 것이었기 때문이다. 웅장한 군악대의 연주소리에 맞추어 장관은 클린턴 대통령과, 나는 그 한 발 뒤로 힐러리 여사와 붉은 카펫 위를 걸어갔는데, 기분 좋은 경험이었다.

나는 클린턴 내외의 방한 계획이 알려진 후 곧 지인에게 받은 주디스 워너(Judith Warner)의 『힐러리 클린턴(Hillary Clinton: The Inside Story(A Signet Book, 1993)』이라는 책을 읽으며 그녀에 관한 최신 정보를 갖기로 하였다. 변호사로, 여성운동가로 맹활약하던 그녀는 국제적으로 많은 전문직 여성들의 선망의 대상일 수밖에 없었다. 이 책에 의하면 1993년 클린턴이 당선되었을 때 사람들은 그녀를 '힐러리(Hillary)'라고 '이름 부를 수 있는' 최초의 대통령 부인이었음을 매우 반겼다고 한다. 그 전에 클린턴이 아칸소주의 주지사로 당선되었을 때도 직업을 가진 최초의 주지사 부인이었다고 한다. 그 밖에도 'A First as First Lady'(대통령 부인으로서는 처음) 라는 장의 제목이 말해 주듯 여러 가지 면에서 새로운

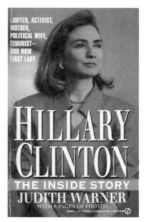

주디스 워너의 *Hillary Clinton: The Inside Story.*
한국에서는 『힐러리 클린턴』이라는 제목으로 출간되었다.

영부인이었다. 이 책의 표지에 실린 그녀의 당당하고 아름다운 모습에서 우리는 그녀의 모든 면을 보는 듯하다.

예일대 법학대학원(Yale Law School)에서 만나 결혼한 두 사람에 관한 농담도 있다. 대통령 내외가 차에 휘발유를 직접 넣으러 가는 일은 없으련만 이들이 주유소에 들어가니 일하던 남자가 힐러리를 반갑게 맞이해 주었다. 힐러리 여사가 클린턴에게 이 남자가 자기 고등학교 때 친한 친구였다고 소개하니 대통령은 "당신이 저 남자와 결혼했다면 오늘날 어떤 지경에 있겠느냐"고 의기양양한 어조로 말하였다. 힐러리는 "그랬다면 지금의 미국 대통령이 당신이 아니고 저 친구일 것"이라고 오히려 자신 있게 받아넘겼다는 것이다.

클린턴 내외의 아시아 순방 소식을 전해 들은 후 나는 그들이 한국에 오기 전 다른 나라를 방문할 때의 TV 뉴스를 열심히 보며 힐러리 여사의 의상을 주의 깊게 관찰하였다. 그녀의 선택은 대개의 경우 멀리서도 눈에 띄는 비교적 짙고 선명한 색상이었다. 따라서 나는 그녀의 의상과 상충되지 않도록 흐린 베이지 톤의 의상을 입기로 하였다. 비행기에서 내리는 그녀를 보는 순간 나는 안도의 숨을 내쉬었다. 나의 짐작이 들어맞았던 것이다. 그녀는 짙은 비취색 수트를 입고 있었다.

국립 고궁박물관과 경복궁 후원 안내

당시 의전상 미국 대통령 부인은 주미대사 부인이 수행하면 되는 것이었으나 힐러리 여사가 박물관을 가고 싶어 한다고 하여 외무부에서 내가 여사를 수행하기를 원하였다. 국립 고궁박물관 전시실을 둘러보고 그 뒤에 있는 향원지(香遠池)와 향원정(香遠亭)까지를 돌아보는 일정이었다. 그날따라 나는 오른발이 조금 불편하여 제일병원 외과에서 간단한 시술을 받아야 했다. 딱딱한 하이힐을 신기에는 불편할 것 같아 남편에게 운동화를 신어도 될까 물었더니 그의 대답은 매정하게도 "잠깐인데 무얼. 그냥 하이힐 신어요."였다.

나는 청와대에서 두 영부인의 환담에 배석하고 난 후 두 대통령의 회담이 끝나기를 기다리는 동안 힐러리 여사, 한승수 대사 부인, 그리고 당시의 미국 차석 대사 부인 버크하트(Burkhardt) 여사와 같이 앉아서 잠시 차를 마시며 딱딱하였던 청와대 영부인 환담의 분위기에서 벗어나 자유로운 대화의 시간을 갖게 되었다. 이때 나는 그녀에게 나의 직업이 교수이며, 남편이 장관에 임명된 후 내가 그를 제대로 '내조'하려면 교수직을 그만두어야 한다고 조언하는 사람들이 많으나 그렇게 간단히 그만둘 수 없는 사정을 이야기하였다. 그녀는 곧 나에게 "당신이 어떤 결정을 내려 어떻게 하든 주변 사람들 가운데 반은 동의할 것이고 나머지 반은 반대할 것이니 결정은 전적으로 당신만이 할 수 있다."고 나에게 큰 용기를 주는 답변을 하여 주었다. 'A First as First Lady'다운 답변이었다.

두 정상의 회담이 끝나자 네 여인은 청와대를 나와 경복궁으로 향하였다. 나는 좀 불편한 발이지만 많은 카메라와 사람들의 눈을 의식하며 당당하게 걸으려고 애썼다.(사진) 이때 나는 그녀에게 한국문화를 내가 먼저 일방적으로 소개하는 방식을 지양하기로 방침을 정하였다. 지성인답게 그녀는 경복궁의 북문인 신무문(神武門)을 향하여 걸어가면서 서울이 왜 조선왕조의 수도가 되었느냐는 질문부터 시작하였다. 자연스럽게 나는 그 질문을 실마리로 하여 역사적, 지리적 배경을 설명하였다. 즉 산으로 사방이 둘러싸이고 남쪽으로는 한강이 흐르는 서울의 아름다운 자연환경은 고려 말

청와대를 나와서 경복궁 신무문을 향하여

조선 초의 풍수지리설에서 주장하던 '배산임수(背山臨水)'의 조건에 부합하며 그 덕분에 조선왕조가 세계 최장, 518년을 이어왔다고 설명하였다.

당시 고궁박물관의 로비에는 경주 황룡사 9층탑을 포함한 우리 역사상 중요한 목조건물들의 모형이 아름답게 만들어져 전시되어 있어서 그 특징들을 일목요연하게 볼 수 있는 좋은 기회였다. 한국 방문이 처음인 여사는 이 모형들을 매우 신기하게 들여다보며 여러 가지 질문을 하였다. 나는 동양의 목조건축 구조의 특성, 서양 건축과 크게 다른 점 등을 간단히 설명하여 주었다. 또한 황룡사 9층탑과 같이 현재 남아 있지 않은 건물들은 발굴을 통하여 복원한 모형이라고 일러 주었다. 황룡사로 인해 자연스럽게 천년 고도(古都) 경주와 신라왕조의 이야기도 조금씩 들려줄 수 있었다.

그 당시의 민속박물관과 지금의 박물관은 진열 체계가 매우 다르다. 어찌 보면 당시의 전시 체계가 훨씬 더 우리 문화의 세계로 외국인들을 끌어들이게 되었던 것 같다. 여사는 전시실에 들어가 조선시대 양반층 주거를 통째로 재현해 놓은 모습을 보고 안방과 사랑방이 멀리 떨어져 있는 것에 놀랐다. 나는 당시 상류층의 남녀는 집 안에서도 같이 지내지 않았고, 남편은 안방에 갈 수도 있으나 부인은 사랑채에 가지 않으며, 서로 존댓말을 쓰는 등 거리를 두었던 독특한 문화와 풍습을 설명해 주었다.

고려시대 청자(靑瓷)의 진열장에서 나는 그녀에게 청자의 은은

하고 아름다운 색채를 지적하고, 기원은 중국에 있으나 고려 사람들이 비색(秘色, 翡色)이라는 독특한 색채의 경지에 도달한 것을 설명해 주었다. 이어서 12세기 중반에 이르러 상감청자(象嵌靑瓷)라는, 중국에는 없는 독특한 시문(施紋) 기법을 개발한 사실을 알려주며 되도록이면 중국 문화와 차별화되는 점을 강조하였다.

생활과 밀접한 관계를 가진 민속품들이 진열된 곳에서 여사는 '죽부인(竹夫人)'을 눈여겨보며 그 용도를 물었다. 바람이 잘 통하며 둥글둥글 부드럽게 만들어진 이 대나무 물건을 더운 여름에 남자들이 부인 대신 끌어안고 자는 것이라고 설명해 주었다. 그녀는 "그것 참 좋은 아이디어"라고 하며 즐거워하였다.

박물관을 나와 우리 일행은 향원지와 그 한가운데 있는 섬에 고종 때(1867~1873) 건립된 아름다운 육각 이층 정자인 향원정까지 유유하게 돌아보았다.

향원정을 배경으로

내가 제일 좋아하는 사진

경복궁의 6월 초 신록은 정말 아름다웠다. 이 배경으로 여유 있게 정원을 거니는 네 여인과 미국 측과 한국 측 경호원들이 AP 통신의 카메라에 잡혔다. 이 사진이 내가 외무부 시절 사진 가운데 제일 좋아하는 사진이다. 우리 집과 내 연구실에 각각 하나씩 걸어 놓고 그때를 회상하곤 한다.

그 후 나의 프린스턴대학 시절의 지도교수(Wen C. Fong 方聞之)가 방한했을 때 우리 집에 잠시 들르셨는데 이 사진을 보고 내가 무척 당당해 보인다고 덕담도 하셨다.

경복궁 정원을 걷는 네 여인

이날 나는 '세계에서 제일 똑똑한 여인'을 상대로 그녀의 호기심이 가는 대로 한국의 역사와 문화 이야기, 그리고 개인적인 이야기까지 나눌 수 있는 기회를 가진 것에 매우 감사하였다.

재외공무원 자녀 기숙사

　　1993년 남편이 외무부 장관으로 임명되었을 당시 나는 한국정신문화연구원 예술연구실장으로 미술사 부분의 연구 책임과 대학원 강의 및 학생지도를 맡고 있었다. 장관 부인 역할을 수행하려면 직장을 그만두어야 한다고 조언해 주는 사람들도 있었으나 당시에는 미술사 연구, 대학원생 지도 등을 맡을 만한 교수진이 아직 부족한 상황이어서 원로 학자이신 황수영(1918~2011) 교수님을 객원 교수로 모셔 놓고 예술연구실을 이끌어 나가고 있었다. 이런 가운데 나는 외무 장관 부인의 역할 중에 외무부 행사로 장관과 동반으로 나가는 경우에는 대개 참석하고 내가 독자적으로 하는 일은 최소한으로 선택했다.

　　첫 번째로 관심을 가진 일은 외국에서 근무하는 외교관들의 자녀가 국내 학교에 다닐 경우 머무를 수 있는 재외공무원 자녀 기숙사가 있다는 사실을 알고 이를 위해 내가 할 수 있는 일을 알아보는 것이었다. 내가 유학생활을 경험했던 것이나 우리가 아들을 미국 대학 기숙사에 두었던 일도 복합적으로 작용하였을 것이다. 이 기숙사는 공식적으로 한국외교협회 산하로 당시 역삼동에 있었다. 첫 방문은 4월 말경이었다. 나는 기숙사 내부 시설 상태를 보기로 하고, 방 내부는 사생활 침해이므로 보지 않았지만 복도, 도서실 그리고 여자 샤워실과 화장실 등을 돌아보았다. 생각했던 것보다 문제가 심각하였다.

장관 내외의 기숙사 첫 방문

그해 5월 5일 어린이날 마침 한 장관도 별다른 일정을 잡지 않고 있었으므로 우리 내외는 최종화 당시 총무과장 내외와 더불어 하얏트호텔 베이커리에서 애플파이와 블루베리 크림치즈 케이크를 넉넉히 사 들고 점심 시간에 맞추어 기숙사에 도착하였다.

최종화 총무과장 부인(왼쪽)과 함께

협회 측에서는 사무총장이 학생들과 더불어 우리를 맞이해 주었다. 장관 내외가 기숙사를 방문한 것은 우리가 처음이라고 했다. 휴일이므로 운동회를 마치고 많은 학생들이 참석하여 마당에 기다란 상을 차려 놓고 모두 같이 앉아 점심을 먹으며 우리는 기숙사의 문제점, 학생들의 애로 사항 등을 들어 주었다. 기숙사 이외에 학생들이 가장 불편을 겪었던 것은 낡은 통학 버스였다. 강남 역삼동에서 강북의 연세대까지 가는 버스가 자주 고장 나서 학생들이 지각하기 일쑤였다고 했다. 그해 외무부는 이런 문제들을 해결할 아무런 예산이 책정되어 있지 않다고 했다. 다행히 당시 문민정부에 대한 사회적 분위기는 정부와 민간의 '밀월(蜜月)'에 가까울 만큼 호의적이라고 해도 과언이 아니었다. 그러나 무조건 아무에게나 도움을 청할 수 있는

1993년 5월 5일 외교관 자녀 기숙사 방문

것도 아니었다. 나는 이때 내가 할 수 있는 일들의 우선순위를 정하였다.

도서실 환경 개선

나는 비용이 과히 많이 들지 않을 것 같아 보이는 도서실을 제일 먼저 손보기로 방침을 정하였다. 1977년 이후부터 있던 낡은 카펫에 마치 만물상처럼 모양이 여러 가지로 다른 의자로 채워진 도서실이었다. 먼저 그 비위생적인 카펫을 걷어내고 사무실용 카펫을 새로 깔고, 앉아서도 움직이기 편한 바퀴 달린 의자 40개를 구입하기로 하였다. 책상에 장시간 앉아서 공부해 본 사람이라면 바퀴 달린 의자가 왜 필요한가를 잘 알 것이다. 지금 내 기억으로 비용은 400만 원이 채 되지 않았던 것 같다.

그때 시어머님께서는 장관 공관에 우리와 같이 살지는 않으셨다. 외아드님이 장관이 된 기쁨을 한껏 누리고 매일 저녁 뉴스로 활동상황을 지켜보시며 두 자매 분들과 한남하이츠아파트에 살고 계셨다. 내가 도서실 사정을 말씀드렸더니 이 비용을 선선히 내주셨다. 당시 나는 외교협회 측에 이 돈이 일지장학회(一志奬學會)의 지원이라고 했는데 일지(一志)는 남편의 아호(雅號) 가운데 하나이다. 기숙사생을 대표하여 세 학생들(김이수, 신승연, 조수진)이 나를 통하여 일지장학회에 전달한 예쁜 감사 카드를 나는 아직도 보관하고 있다.

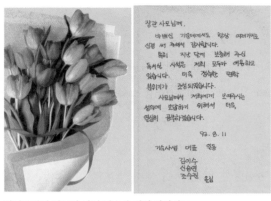

일지장학회 외교관 자녀 기숙사 개선 감사카드

기숙사 건물 내에 세탁실을 만들다

다음으로 해결할 문제는 세탁실을 만드는 것이었다. 위에 내가 '복도'라는 항목을 내세웠던 것은 실제로 복도의 시설을 말하는 것이 아니라 각자의 방 앞 복도에 널어놓은 빨래의 무질서한 모습을 지적한 것이었다. 당시 학생들이 사용할 수 있는 세탁기가 각 층 복도에 있었지만 건조기가 없었으므로 복도에 각자 건조대를 세워놓고 그 위에 빨래를 널어 말려야 했다. 비위생적이기도 하고 무척 보기가 좋지 않았다. 쉽게 해결될 일은 아니지만 나는 방법을 강구하기로 하였다. 즉 기숙사 건물 안에 세탁실을 만드는 것이다. 학생들이 비 오는 날 세탁물을 들고 밖으로 나가는 것은 매우 불편한 일이기 때문이다. 외교협회 사무총장과 같이 건물 내의 가용 공간을 물색한 결과 당시 외국에 근무하시는 분들이 맡겨 놓은 짐을 보관하는 '창고'가 있었고 다행히 이 장소에 수도와 하수도 연결 시설이 설치되어 있는 것을 발견하였다.

나는 이 공간에 동전을 넣고 작동할 수 있는 세탁기와 건조기가 여러 대 갖추어진 세탁실을 만드는 일에 착수하였다. 학생들이 그 자리에서 세탁과 건조까지 깔끔히 해결할 수 있는 세탁실을 꾸밀 재원을 마련하는 일은 여러 분의 도움이 필요하였다. 남편과 상의하여 외무부 간부들과 공관장 회의 때 귀국하는 대사님들에게 십시일반으로 도와달라고 부탁드렸다.

당시까지의 '관행'에 따라 대부분의 대사 부인들이 장관 부인에게 모종의 선물들을 준비하셨다고 한다. 공관실장이 나에게 이 선물들이 롯데호텔에 쌓여 있으니 공관으로 가져오겠다고 하였다. 이때 나는 대사 부인들께 내가 개인적으로 선물을 받을 이유가 없으니 그 선물들은 다른 데 쓰시고 그 대신 기숙사 세탁실을 꾸미는 데 기부해 주십사 요청하는 편지를 드렸다. 의외로 모든 대사님들께서 협조해 주셔서 그때 세탁기와 건조기를 각각 다섯 기씩 설치하고 그 앞의 공간에는 큼직한 상과 의자 몇 개를 마련하여 학생들이 빨래를 편하게 개어 방으로 가져갈 수 있게 되었다. 이 공간은 또한 세탁기가 돌아가는 동안 앉아서 공부할 수 있는 곳이기도 하였다. 다리미와 다리미판도 구비해 놓았으므로 누가 보아도 훌륭하게 원스톱으로 세탁의 모든 문제를 해결할 수 있는 시설과 공간

1993년 재외공무원 자녀 기
숙사 세탁실 모습

이 마련되었다. 이에 따라 복도 공간도 넓고 말끔한 제 모습을 되찾
았다.

　이 뉴스는 「외협소식」 1993년 9월호에 실렸으나 실제로는 모든
공사가 6월 20일에 마무리되었다. 나의 아이디어와 추진 의지로
시작된 일이었지만 외무부 간부와 대사님들의 십시일반으로 형성
된 약 1,600만 원의 비용으로 이루어졌다. 이 모든 분들께 이 자리
를 빌려서 감사드린다.

　샤워실 개선에 도전하다

　제일 큰 문제는 여학생 샤워실과 화장실이었다. 당시의 샤워실
은 넓은 공간에 벽을 따라 아무런 칸막이 없이 여러 개의 샤워 꼭지
가 벽에 달려 있었고 입구 문짝은 물이 튀어 아랫부분이 모두 썩어
들어간 상태였다. 여학생들의 이야기로는 샤워하며 자신들의 나신
(裸身)을 같은 여학생에게도 보이기 싫어 한 사람이 들어가면 문을

안에서 잠그고 샤워한다고 했다. 그 나이 여학생들의 심정을 충분히 이해할 수 있었다. 나는 이 넓은 공간을 우선 둘로 분할하여 넓은 쪽에는 앞을 커튼으로 가릴 수 있는 샤워 부스를 다섯 개 정도 만들고 나머지 공간에는 헤어드라이어를 비치할 화장대도 몇 개 만들도록 구상하였다. 문제는 역시 재원 조달이었다.

그해 봄부터 나는 뉴욕의 아시아협회 갤러리에서 10월 3일에 개막될 '18세기 한국미술 전시회(Korean Arts of the Eighteenth Century: Splendor and Simplicity)'를 준비하는 데 일익을 담당하고 있었다. 늦은 여름 어느 날 장관 공관에서는 관계자들을 위한 만찬을 열었다. 아시아협회의 데사이(Vishaka Desai) 회장, 국립박물관의 정양모 관장님, 이 전시 큐레이터를 맡은 이화여대 김홍남 교수 등이 참석했고, 전시 미술품의 운반을 담당했던 금호아시아나 측에서 박성용 회장님도 참석하셨다. 남편은 평소에 문화를 사랑하시는 박 회장님과는 10년 정도 연배 차이가 있었지만 친분이 두터운 편이기에 나도 그분을 어려워하지 않았던 것 같다.

박성용 회장님께 도움을 청하다

나는 박 회장님께 외무부와 인연이 특별히 있으신지 조심스럽게 여쭈어 보았다. 회장님께서는 "특별히 없는데요." 하셨다. 나는 용기를 내어 "그럼 인연을 맺어 보시겠습니까?" 말씀드리니 "그래 보지요."라고 부드럽게 말씀하시므로 기숙사 화장실 리모델링 문제를 말씀드리게 되었다. 박 회장님께서는 "관계자를 현장에 파견해서 문제를 알아보지요"라고 우선 긍정적으로 말씀하셨다. 너무도 감동적인 순간이었다. 다음 날 나는 연구원 일도 제쳐 놓고 홍순영 차관 부인과 함께 기숙사로 달려가 광주고속 관계자를 만나 내가 대충 그린 도면을 가지고 설명해 드렸다. 그분 말씀이 배관 문제는 없을 것이라고 하여 나는 일단 안심하고 박 회장님의 결정을 기다렸다.

이때 공사의 규모가 상당했으므로 비용도 만만치 않았을 것으로 생각되지만 광주고속 측이 나에게 보고하지도 않았고 박 회장님께서는 더더욱 말씀하시지 않아 후에 외교협회 사무국을 통해 비용의 규모를 알게 되었다. 장관 공관 만찬 얼마 후 다른 모임에서 회장님을 뵙게 되었을 때 그분께서 나에게 "감기가 좀 들었을 것이라고 짐작했더니 폐렴이 걸렸더군요."라고 말씀하셨다. 그도 그럴 것

박성용 회장님과 함께

이 나의 처음 구상은 여학생 샤워실 개조였으나 이를 알고 남학생들이 자기들도 칸막이 샤워실이 필요하니 고쳐 달라고 하여 결국 박 회장님은 이 모든 비용을 떠맡게 되셨던 것이다.

나는 1960년대 초에 대학을 졸업하였으므로 당시 한국 대학의 열악한 시설만 알고 있었다. 그러다가 60년대 후반에 버클린 대학(UC Berkeley)에 가서 언론재벌 허스트(Hearst)가 지어 주었다는 허스트 체육관(Hearst Gymnasium)을 보고 그리스 조각상들이 둘러서 있는 아름다운 야외 수영장과 내부의 샤워 시설 등에 놀라며 바쁜 수업 일정에 틈을 내어 즐겨 사용한 추억을 가지고 있다. 1990년대 한국 외교관 자녀 기숙사 샤워실을 그 수준은 아니더라도 학생들의 불편은 없애 주어야 한다고 생각하여 다소 무리가 있지만 추진하였다. 학생들은 자신들의 층이 공사에 들어가는 동안 다른 층으로 가서 샤워해야 하는 불편을 감내하며 2, 3개월을 참고 지냈다.

마지막으로 해결해야 할 문제는 학생들의 통학 버스를 새로 마련하는 것이었다.

대우자동차의 버스를 기증받다

이때 외무부 제2차관보는 남편의 고교 동기인 선준영 씨였다. 그분은 쉽지는 않았겠지만 이 문제의 '쉬운' 해결책을 가지고 남편에게 상의해 왔다. 대우자동차로부터 통학버스 한 대를 기증받도록 한다는 것이었다. 김우중 회장도 고교 2년 선배이기는 하지만 선

차관보의 생각으로는 김 회장님께까지 말씀드릴 필요 없이 자신들의 동기인 윤영석 당시 대우중공업 부회장이 도와줄 수 있을 것이라고 하였다. 과연 이 '루트'로 기숙사는 그해 가을 대우자동차의 버스 한 대를 기증받게 되었다.

외교협회 사무국 측에서는 화장실 공사가 마무리되고 통학 버스도 전달받은 후 10월 23일에 '재외공무원 자녀 기숙사 건물수리 준공 및 버스 기증식'이라는 명칭의 행사를 열었다. 학생 대표 10명, 외무부 간부 부인 12명, 그리고 광주고속과 대우자동차 실무자들과 외교협회 관계자 등 약 35명이 참석한 조출한 행사였다. 부인들은 행사 시작 20분 전에 도착하여 새 화장실을 둘러보기도 하였다. 광주고속 이승하 사장님과 대우자동차 유기범 사장님께는 외무부 장관의 감사패가(장관 부인이 대신 전달), 현장 소장님들께는 외교협회 회장의 감사패가 전달되었다. 학생들 역시 관계 기관에 감사 카드를 전달하였다. 이어서 버스 시승식에는 학생들과 외무부 간부

재외공무원 자녀 기숙사 건물수리 준공 및 버스 기증식

1993년 재외공무원 자녀 기숙사 세탁실 모습

1993년 10월 23일 대우 버스 기증식

부인들이 참석하고 기념촬영도 있었다.

돌이켜 보면 이 모든 일이 박성용 회장님과 대우자동차 측의 호의로 이루어졌지만 크게 보면 당시 문민정부에 대한 사회적 호감에 힘입은 바가 큰 것이었다고 생각한다. 내가 아무리 사심 없이 오직 학생들을 위해서 한 일들이었지만 지금 같으면 아마 한 장관은 청문회거리가 되었을지도 모른다.

샤워실이 새롭게 탄생한 후 감격스러운 마음을 나에게 전달해 준 여학생들의 편지를 나는 아직도 보관하고 있다. 기숙사의 도서실, 세탁실, 샤워실 등을 업그레이드하는 데, 그리고 통학 문제를 해결하는 데 많은 역할을 한 우리 내외는 당시 해외 주재 대사들 사이에서 적지 않은 인기를 얻게 되었고 나 자신에게도 큰 보람과 만족을 안겨 준 일이었다. 오랜 세월이 지났지만 다시 한번 박성용 회장님과 대우자동차에 감사드린다.

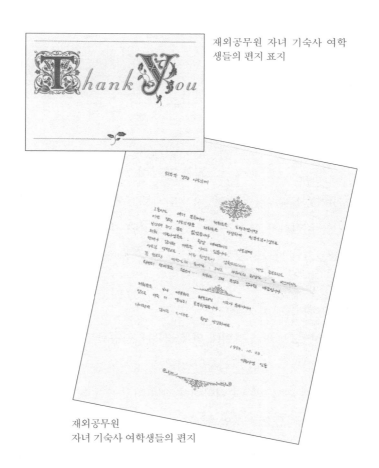

재외공무원 자녀 기숙사 여학
생들의 편지 표지

재외공무원
자녀 기숙사 여학생들의 편지

외무부 부인회

정부 각 부처에는 크고 작은 규모의 부인회(배우자 모임)가 있었다. 내가 알기로는 여러 부처 가운데 외무부만큼 부인회가 잘 조직되어 있고 상당한 자금을 가지고 여러 가지 활동을 해 나가는 부처가 없었던 것 같다.

당연직 부인회장

1993년 2월 말에 남편이 외무 장관에 임명됨에 따라 나는 당연직으로 외무부 부인회 회장이 되었다. 당시까지 부인회의 활동은 '바자'를 통해서 얻는 수익금이나 장관 이하 모든 직원들의 급여에서 조금씩 자동으로 부인회 계좌로 들어가게 만들어 놓은 자금으로 각종 불우이웃돕기 활동을 하는 것이었다.

나의 전임자인 이상옥 장관 부인은 '하루백원운동'이라는 이름
으로 외무부 전 직원의 월급에서 매월 3000원씩을 떼어 부인회 구
좌로 이체되도록 해 놓았다. 이때 직원 본인뿐만 아니라 가족 구성
원들까지 기부하는 것을 독려하여 보통 한 직원당 세 구좌를 만들
도록 하셨다고 한다.

부인회의 가장 큰 재원(財源)은 해마다 5월 초에 외교안보연구
원의 뒷마당에서 펼쳐지는 바자였다. 개인들이 기부하는 물품이
나 기업들이 자사 제품을 갖다 놓고 싼값에 팔며 수익금의 얼마를
부인회에 기부하는 것과 각 재외공관에서 보내는 '외제' 물건들을
판매한 대금이 주류를 이루었다. 1993년 당시 하루 수익금이 약
4000만 원에 달하는 놀라운 금액이었다. 이 돈의 이자수익으로 부
인회 명의의 여러 가지 활동을 한 것이다.

주지하다시피 문민정부는 집권 6개월째인 1993년 8월 12일 대
한민국 금융 역사상 가히 혁명적이라고 할 수 있는 금융실명제를

외무부 부인회 바자 준비 모습

1993년 5월 외무부 부인회 바자 현장

전격 단행하였다. 장관들조차도 까맣게 모르던 조치였다.

당시 우리 부인회와 직접 관련된 사항은 어떤 것이었나. 내가 인수받았을 당시 부인회의 누적 재산은 놀랄 만한 규모였다. 예금이나 신탁으로 들어가 있는 돈 이외에도 우리는 활동에 그때그때 필요한 지출을 위해 몇천만 원을 항상 부인회 총무의 개인 통장에 입금시켜 놓고 운영하고 있었다. 이때 나는 외무부 부인회를 법인으로 전환할 필요성을 절실히 느꼈고 여러 가지로 타당성 검토를 거쳐 1994년 4월 9일 결국 '사단법인 외무부 부인회'를 외무부 산하 단체로 발족시켰다. 이에 따라 자산 관리, 회계 등을 자연스럽게 공식화할 수 있게 되었다.

사단법인 외무부 부인회의 태동

부인회를 사단법인으로 만드는 과정에서 그 타당성 검토를 위해 외무부의 도움을 많이 받았다. 여러 가지 조건이 있었는데 우선 부인회의 구성원들은 모두 회비를 내는 회원이 되고, 회장 이하 여러 간부 부인들은 등기이사로 전환하며, 반드시 감사를 두어야 했다. 당시 회비는 1년에 만 원, 평생회비는 10만 원으로 책정하였다. 이렇게 회원들의 직접적 재정 기여를 의무화하고 외부에서 받는 기부금은 그 기부자에게 세금 공제 혜택을 줌으로써 부인회에 기부할 동기를 갖게 하였다. 이런 모든 절차 등은 내가 그 얼마 전에 한국미술사학회의 총무이사를 맡으며 학회를 처음으로 사단법인으로 전환하는 일에 참여했기 때문에 익숙하게 진행할 수 있었다.

(사)외무부 부인회는 이제 정관을 만들고 그에 따라 모든 '사업'을 진행하였다. 따라서 이전의 부인회 활동이 주로 '불우이웃돕기' 범주에 속하였던 것에서 탈피하여 외무부 산하단체에 어울리는 사업을 할 수 있게 되었다. 부인회의 정관에는 앞으로의 사업을 일곱 조항으로 열거하였으며 그 가운데 하나로 이전부터 시행하여 온 '불우이웃돕기'도 들어가도록 지정해 놓았다.

부인회는 이미 일 년에 한 번씩 「외교 燈」이라는 잡지를 발간해 국내외 외무부 직원들에게 배포하였다. 이 잡지는 순전히 부인회 편집위원들의 힘으로 이루어졌지만 매호(每號) 특집을 포함하여 해외 문화계 소식, 주한 외교사절 인터뷰 등 매우 유익한 기사들과 아름다운 사진들로 채워져 '전문성'을 띤 잡지가 되었다.

나는 「외교 燈」이 상당히 좋다고 생각하여 이 잡지의 창간호부터 최근 호까지를 한국 잡지박물관에 기증하여 우리 부인회의 활동을 한국 정기간행물 역사에 남기도록 하였다.

'불우이웃돕기'라는 사업은 소년 소녀 가장 10명에게 매달 생활비로 20만 원, 또는 10만 원씩을 지급하는 것이었다. 이 사업이 단일 행사로는 가장 지출이 많았다. 그 밖에도 부정

「외교 燈」 표지(2006)

1993년 「외교 燈」 편집진

1993년 12월 성로원 영아원

기적이지만 왕십리에 위치한 성로원이라는 영아원을 방문하여 그곳의 시설 가운데 크게 돈이 들어가서 감히 보수할 엄두를 내지 못하고 있는 것을 찾아서 도와주었다. 한번은 영아원의 난방 배관을 교체하는 일에 700만 원 정도를 도와주기도 했다.

어느 날 외무부 부인회 간부들과 같이 성로원에 들어서는데 원장님이 우리에게 아이들을 되도록 멀리서 보고, 안아 주거나 만져 주지 말라고 주의를 주는 것이었다. 부모 없이 자란 아이들은 그러나 우리를 보고 안기고 싶어 달려와서 나는 이들을 잠깐씩이나마 안아 주었다. 얼마나 따뜻한 정에 굶주린 아이들이었을까! 착잡한 마음을 금할 수 없었다.

진일보한 외교 행사

이제 (사)외무부 부인회가 외무부 산하단체로 등록되었으므로 이에 어울리는 '외교'와 관련 있는 행사의 비중을 확대해 나가기로 하였다. 따라서 주한 외교사절 부인들을 위한 강연회나 음악회를 생각해 냈고 내 임기 동안 몇 차례 행사를 기획하고 실천하여 좋은 반응을 얻었다. 예를 들면 주한 외교사절 부인들을 장관 공관으로 초청하여 커다란 연회장에 피아노 한 대만 놓고 의자로 채워 실내에서 간단한 음악회를 개최하고 점심은 공관의 아름다운 정원에서 케이터링으로 간단히 대접하는 행사를 매우 성공리에 치렀다. 이런 행사를 치르는 데는 연주자 사례비와 약 120명 정도의 식사비 등 상당한 비용이 들었지만 모두 부인회 자체 예산으로 가능한 '외교 행사'였다.

또 한 가지는 새로 부임해 온 대사 부인들을 일정 기간에 한 번씩 초대하여 오후에 다과를 대접하며 서울의 주요 박물관과 미술관을

관저에서 개최한 신임
대사 부인 모임

소개해 주는 일도 내가 직접 할 수 있으므로 다과 비용만 들이면 되는 것이었다. 이렇게 함으로써 신임 대사 부인들이 한 사람씩 장관 부인에게 인사하러 오는 번거로움도 없앨 수 있었다.

그 밖에도 서울의 국제단체를 위한 행사로 SIWA(Seoul International Women's Association)를 돕는 일이 있었다. SIWA에는 한국인들도 있지만 대부분 주한 상사(商社)에 속한 사람들과 외교관 부인들이었다. 외무부 부인회장이 되기 이전에도 이 단체에서 주최하는 강연 프로그램에 강사로 나가기도 하여 나에게는 매우 친숙한 사람들이었다. 우리는 SIWA 행사에 공관의 정원과 다과를 제공해 주기도 하였다.

마지막으로 내가 구상한 행사는 서초동의 외교안보연구원 강당을 빌려 춘계와 추계 각각 한 번씩 주한 외교사절 부인들과 우리 부인회 회원들을 대상으로 문화강좌를 개최하는 것이었다. 외교안보연구원의 교학과에서는 외무고시 합격자들, 주한 외교사절, 그리고 연례행사인 재외공관장 회의 차 일시 귀국한 대사 부인들을 위한 강좌 등을 개최하고 있었고, 나는 이 모든 행사에 '차출'되어 한국어 또는 영어로 우리 문화를 소개하는 강좌를 해 온 바 있었다. 그러므로 나에게는 이 프로그램이 매우 친숙하고 손쉽게 마련할 수 있을 것으로 생각되었다.

부인회의 외교안보연구원 첫 번째 행사로는 1994년 5월 '섭외하기 제일 쉬운' 한국정신문화연구원 이성미 교수의 우리나라 '진

1994년 9월 16일 외교관 부인 국악 강연(조선일보)

경산수(眞景山水)'에 관한 강의를 개최하였다. 끝나고 이어진 다과 회 시간에 어느 대사 부인이 우리나라 산수화들이 실제로 존재하는 경치를 그렸다는 사실을 이제야 알았다고 하며 매우 좋아하였다.

다음으로는 그해 9월 15일 오후 이화여자대학교의 황병기 교수를 초청하여 '한국음악의 특색에 관하여'라는 강의를 마련하였다. 유명한 가야금 연주자이기도 한 황 교수님은 국악의 역사뿐만 아니라 실제로 가야금 시연(試演)을 통하여 국악의 진수를 제공해 주셨다. 대사 부인들은 다과 시간에 교수님께 많은 질문도 드리고 매우 좋은 분위기의 문화행사가 되었다. 이들 강연 프로그램에는 외무부 부인회 회원들도 다수 참여하여 서로의 친목을 다질 기회도 되었다.

외무부 부인회의 장학사업

이런 많은 행사를 해도 부인회의 그 많은 예금은 조금도 축내지 않았다. 나는 이때 부인회가 외무부에 기여할 수 있는 또 다른 일을 한 가지 구상하였다. 다름 아니라 '외무부 부인회 장학금'을 신설하는 것이었다. 즉 한국외국어대학교의 학생 가운데 2학년 1학기에 올라가는 성적 우수자 한 명을 뽑아 졸업할 때까지 3년간 매 학기 등록금 전액을 지원해 주도록 하는 것이었다. 당시 내가 장학금 수혜자를 한국외국어대 학생으로 결정한 데는 그럴 만한 이유가 있었다.

우리 내외는 1986부터 일 년 동안 남편이 록펠러 형제 기금의 펠로십을 받아 뉴욕에서 거주하게 되었다. 이 펠로십이 제공해 주는 혜택 가운데 하나가 첫 한 달과 마지막 한 달을 펠로인 남편뿐만 아니라 배우자인 나를 포함하여 우리가 가고 싶은 지역을 택하여 여행을 통해 견문을 넓힐 수 있게 해 주는 것이었다. 1986년 7월부터 8월까지 우리는 남미의 콜롬비아, 칠레, 브라질 그리고 아르헨티나를 선택하였고, 1987년 여름의 끝마무리 여행은 영국, 스페인 그리고 포르투갈을 택하였다. 남편은 몰라도 당시 나에게는 남미대륙은 처음 가는 곳이어서 그야말로 신천지가 눈앞에 전개되는 듯한 느낌이었다.

남미 여러 나라 한국대사관에서는 우리를 위해 많은 편의를 제공해 주었는데 내가 그때 새롭게 발견한 사실은 현지 대사관의 많은 외교관들이 한국외국어대학교 출신이라는 것이었다. 영미 언어

권이 아닌 이곳에서는 스페인어와 포르투갈어를 자유롭게 구사할 수 있는 외교관들을 필요로 한 것이다. 지금은 동남아, 아랍권 등 더욱 다양한 언어권에서도 역시 외국어대학 출신들이 많은 활약을 하고 있음에 틀림없다. 지금 생각해 보면 당연한 일인데 그제야 한 국외국어대학교가 우리나라 외교에 매우 큰 몫을 담당하고 있다는 사실을 새삼스럽게 깨닫게 되었다.

부인회 장학생 선발을 위하여 나는 한국외국어대학교의 학생처에 연락하였다. 내 아이디어를 들은 학생처 측에서는 매우 반기며 1학년을 좋은 성적으로 수료한 학생 한 명을 선발하여 보내왔다. 첫 번째 장학생은 1994년 8월에 선발된 김갑태 군이었다.

우리는 장관 공관에서 부인회 간부들이 김 군에게 장학 증서를 수여한 후 다과를 함께하는 조촐한 행사도 가졌다. 장학금 수여 직후에 나에게 전달된 기연수 외국어대 학생처장의 감사 편지를 아래에 싣는다.

부인회 이사들과 함께 한국외국어대학교 김갑태 군에게 장학금 전달

이 글을 쓰던 중 어느 날 나는 남편과 더불어 '올해의 외교인상 (賞)' 시상식 만찬에 참석하게 되었다. 남편은 '외교인상 위원'들과 같은 테이블에 자리하고 나는 장관 수행비서 등 젊은 남녀 외교부 직원들과 같은 테이블에 앉게 되었다. 외무부 부인회 장학생 지정을 생각하며 호기심으로 나는 "여러분 가운데 어느 분이 외국어대

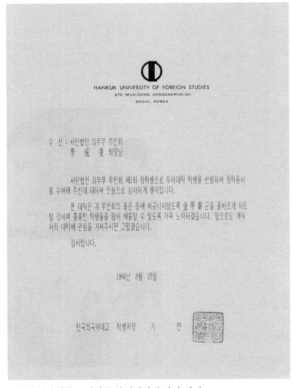

한국외국어대학교 기연수 학생처장의 감사 편지

출신인가요?"라고 물었더니 장관 수행비서를 비롯하여 다섯 명 가운데 세 명이 외국어대 출신이었다. 속으로 회심의 미소를 짓고 있는 나 자신을 발견하였다.

현재 외무부 배우자회(구 사단법인 외무부 부인회)는 더 이상 존재하지 않는다. 언제부터인가 외교부는 여직원의 수가 거의 반에 육박하므로 그 명칭도 부인회가 아닌 '배우자회'로 바뀌었고 남성 배우자들이 전혀 참석하지 않으므로 회의 참여율이 매우 저조하게 되었다. 배우자회의 마지막 바자회는 2016년 5월에 있었다고 한다. 또한 「외교燈」은 더 이상 출간되지 않고 한동안은 배우자회 소식을 웹사이트(www.mofaspouse.org)를 통해 접할 수 있었으나 이것마저 역사 속으로 들어가고 대한민국 최초의 여성 외교부 장관인 제38대 강경화 장관 시절인 2018년 3월에 배우자회는 드디어 해산되었다. 당시까지의 자체 재산이 얼마나 남아 있었는지 모르지만 굿네이버스, 서울대 아동병원 그리고 UNICEF 등 세 기관에 기부되었다고 한다.

외무부 부인회를 외교부 산하 사단법인으로 만들고 그에 어울리는 활동을 해나가려고 애썼던 나를 포함한 과거 외무부 부인회의 임원들에게는 이러한 변화가 시대적인 것이었다는 불가피성을 감안하더라도 매우 서운하게 느껴진다. 특히 외교부의 고유 업무와 관련된 외교단들을 위한 문화행사의 전통만큼은 계속되었더라면 좋았을 것이라는 아쉬움이 남는다.

My Stroll Along Diplomacy Avenue

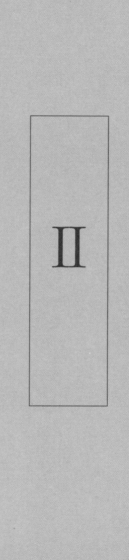

II

주미대사 관저의
안주인

　　　　　　　　　　2003년 4월, 뜻밖에도 남편은 참여정
부의 초대 주미대사로 임명되었다. 당시 언론에서는 남편이 미국
조야(朝野)에 상당한 인맥을 가지고 있으므로 악화된 한미 관계를
복원할 적임자라고 분석했다. 과연 미국 정부 측의 부임동의서인
아그레망은 보통 한 달 이상 걸리는 것이 상례였지만 남편의 경우
전례 없이 열흘 만에 나왔다. 이때 나는 한국정신문화연구원의 한
국학대학원장을 맡고 있었으므로 5월 초 워싱턴에서 남편의 신임
장 제정 행사에만 참석하고 귀국했다가 8월 말 하계 졸업식을 끝내
고 난 후 휴직하고 다시 워싱턴으로 향하였다. 외교부에서는 모든
세간과 집기가 다 갖추어 있는 관저이니 옷만 가져가면 된다고 했
으나 나는 저술 활동을 계속해야 한다는 강박관념으로 책 50박스

와 컴퓨터는 물론 대형 컬러 프린터까지 가지고 갔다.

주미대사 관저 건물은 일본풍?

주미대사 관저는 워싱턴의 아름다운 상류층 주택가인 스프링 밸리(Spring Valley) 지역의 글렌브룩 로드(Glenbrook Road)에 아메리칸대학(American University)과 인접한 넓은 대지 위에 지어진 건축가 김수근의 작품이다.

나는 이 관저를 '백제 양식'의 한옥이라고 부르겠다. 현재 우리가 알고 있는 한옥은 주로 조선시대 양식으로 처마 끝이 살짝 올라간 곡선 지붕임에 반해 이 관저의 지붕은 모두 직선이기 때문이다.(건물을 아래에서 올려다본 아래의 사진에서는 지붕의 모습이 보이지 않는다.)

워싱턴 DC의 한국대사 관저

한국 건축사에서는 지붕이 아직 곡선을 보이기 이전의 백제 양식이 일본에 건너가 그곳에는 잘 보존되어 있으나 한국에서는 그 자취를 볼 수 없다고 한다. 일본에 있는 사찰 건축 가운데 나라(奈良)의 도쇼다이지(唐招堤寺, 759년)가 이 양식의 대표적인 예이다.

따라서 일반인들은 한국대사 관저가 한옥이어야 하는데 왜 일본풍(風)이 느껴지는 건물일까 의아해하기도 한다. 현관 입구에는 두 마리의 해태 조각상이 있는데 2004년 부활절 휴가 때 워싱턴을 찾아온 손자아이가 마당에 떨어진 목련꽃의 꽃잎을 주워서 귀엽게 장식해 놓기도 했다.

일본 나라의 도쇼다이지

현관 앞 해태 위의 꽃 장식

관저의 왼쪽으로는 상당히 넓은 정원이 있어 해마다 10월 3일 개천절에는 약 천 명 정도의 외교단과 교포를 초청하여 훌륭한 불고기 가든 파티를 열 수 있었다. 물론 많은 요리사와 웨이터를 불러야 하지만 고기를 사다가 재는 것까지는 나와 관저의 두 요리사가 같이 하였다. 좀 더 소규모 행사도 가능했다. 일종의 자그마한 야외 무대가 있어서 대사가 연설할 장소로 사용하기도 했다. 이 동네의 집들이 거의 이렇게 크다 보니 하루는 어디서인가 사슴 한 마리가 들어올 정도였다.

이렇게 우리 관저가 워싱턴 외교가의 명물로 자리매김하기는 했지만 겉모양 위주의 건물이라 살기에는 여러 가지로 불편한 점이

주미대사관 정원 야외 연단에서 거행된 입양아 행사에서 연설하는 한승주 대사

주한 미국대사 관저 입구의 포르트 코셰르

있었다. 첫째, 현관문 앞에는 '포르트 코셰르(porte cochere)', 즉 지붕으로 보호된 차 대는 곳이 마련되어 있지 않아 비가 오면 대사나 손님이나 모두 비를 맞으며 차를 타고 내려야 한다. 같은 한옥 양식 관저라도 서울의 주한 미국대사 관저(Habib House)에는 이 구조가 잘 되어 있는 것을 볼 수 있다.

현관에 들어서서 대연회장에 가려면 3층 높이의 계단을 올라야 한다. 중간에 2층에 해당하는 곳은 중정(中庭)으로 가는 곳이므로 한 번의 쉼터가 된다. 또 한 번 오르면 대연회장에 이르는데 이런 '어마어마한' 직선 계단들은 '건축사'에서는 '권위를 상징하는 건축물(architecture of authority)'에서 볼 수 있는 특징이지만 관저로서는 매우 불편하였다.

이대원 화백의 그림을 배경으로 인사말을 하는 한승주 대사(왼쪽)와 필자(오른쪽). 2004 년 10월 17일.

김경원 대사 재임 시 대사관을 방문한 우 리 내외. 1987년 10월 17일.

　　특히 매년 열리는 6.25 참전 용사들을 위한 만찬에서 이미 고령 이 되신 분들이 계단 오르기를 매우 힘들어하셨고, 일단 올라오신 후 화장실을 이용하려면 다시 아래층까지 내려가야 하므로 큰 불 편을 겪으셨다.(후에 이태식 대사님 때 연회장 한구석에 화장실을 만드셨다 고 한다.)

　　대연회장에는 입구 왼쪽 벽에 홍익대 교수를 역임한 이대원 화 백의 화려한 1986년 유화 작품 〈가을 산성〉이 벽화처럼 펼쳐져 있다. 대부분의 행사 때 이 그림을 배경으로 대사나 대사 부인이 인사 말을 하게 된다.

우리 내외는 1987년 김경원 대사 재임 시절 워싱턴을 방문하였 는데 이때 같은 그림을 배경으로 우리 내외가 사진을 찍은 것이 우 연히 내 앨범에 남아 있었다. 훗날 남편이 주미대사가 될 것이라고 는 전혀 생각지도 않았던 때의 사진이다.

양쪽 벽에는 한국식 격자 유리창이 여러 개씩 있어서 실내 자연 채광이 매우 좋았다. 커튼 대신 역시 한국식 발을 쳐서 매듭 장식과 고리를 달아 올리고 내려 광선의 양을 조절하였다. 이 커다란 연회 장의 천장 가운데 부분을 보면 어두운색 나무로 된 무지무지하게 큰 직선적인 대들보가 줄지어 있어 실제로 천장이 매우 낮아 보이

대연회장 천장 대들보들로 인하여 어두워 보이는 천장

며 양쪽 벽의 유리창을 통한 채광에도 불구하고 전체적으로 그리 밝게 느껴지지 않는다. 평소에는 소파나 안락의자로 채워진 응접실이지만 사람이 많을 때는 응접세트를 모두 치우고 원형 테이블을 여러 개 놓아 100명까지 정식 만찬이 가능할 만큼 큰 공간이다.

이 대연회장의 끝에 주방과 인접한 부분에는 또 다른 소규모 연회장이 있으며 이곳에는 3, 40명 정도의 만찬을 차릴 수 있는 공간이 있다. 이 방의 끝 벽에는 민경갑 화백의 아름다운 모란꽃 그림 〈대부귀 大富貴〉(1967)가 있었다. 나는 외교부 예산이 허락하는 대로 현대화가 엄정순 씨의 대형 장미꽃 그림 한 폭을 사서 걸었다. 김 화백의 동양화 모란과 좋은 조화를 이룰 수 있는 그림이다.

대사 가족의 거처인 관저 내실에도 불편한 점이 몇 가지 있었다.

소연회장의 민경갑 화백의 모란 그림과 엄정순 화백의 장미꽃 그림

침실에서 화장실을 가려면 대여섯 개의 계단을 오르내려야 한다. 밤 중에 어려울 수도 있는 구조이다. 실제로 어느 대사님께서 넘어지신 후 화가 나서 며칠을 호텔로 나가 계셨다는 일화(실화)도 있다.

　내실 쪽에는 의류 수납공간이 절대 부족하였다. 서울의 미국대 사 관저에서 우리가 미국으로 떠나기 전에 전직 주미대사 부부 동 반 만찬을 열어 주었는데 이 자리에서 현홍주 대사 사모님께서 "화 장실 앞의 작은 공간에서 천장을 쳐다보면 줄이 하나 있고 그 줄을 잡아당기면 사다리가 내려와 다락방으로 올라갈 수 있으며 그곳을 넓은 수납 장소로 사용할 수 있다."고 하셨다. 즉 철 지난 옷들을 둘 수 있는 공간이 있다는 것이다. 그러나 나는 한 번 그 흔들거리는 사다리를 내려 보고 올라가기 무서워서 도로 닫아버렸다. 짐을 들 고 올라가다가 사고 나기 십상이었다. 대사 내외의 순방 임무나 의 전 특성상 우리 내외는 사철 옷을 언제나 가까운 데 걸어 놓고 대비 할 필요가 있었으므로 결국 나는 기존의 옷장에 1층 옷걸이를 제거 하고 그 자리에 2층으로 옷걸이를 설치하여 그런대로 사용하였다. 대사 관저의 아름다운 주변 환경에 어울리는 편안한 주거는 아니 었던 것 같다.

　교수에서 대사 관저 안주인으로
　나는 외무 장관 공관의 안주인 역할을 해 본 경험이 있기는 하지 만 그로부터 8년 후 나에게 주어진 대사 부인 역할은 또 새로운 도전이었다. 익숙한 연구 환경에서 '뿌리가 뽑혀' 이곳에 이주한 나는 처음 몇 주간의 심리적 저항기를 거치기는 했지만 곧 마음을 고쳐 먹고 이 주어진 기회를 최대한 나의 것으로 만들기로 작정하였다.

평소 요리에 취미가 있었던 탓에 손님 대접하는 것을 '재미'로 만들려고 노력하는 것은 어렵지 않았다. 그러나 장관 공관 만찬은 모두 호텔 식당에서 케이터링을 하였으므로 메뉴 짜는 일부터 여러 가지 식재료를 몇 군데 다른 상점(한국 슈퍼마켓, 서양 델리 숍, 베이커리 등)에서 대량으로 쇼핑하는 일, 상차림 등 처음에는 모두 생소한 일이었다. 워싱턴 근교의 한국 슈퍼마켓에 가서 고기를 대량으로 구입하면 계산대의 직원은 나에게 "교회에서 오셨어요?"라고 묻는다. "아니요." 하면 "그럼 식당을 하세요?"라고 묻기에 나는 천연스럽게 "네, DC에서 제일 좋은 한국 식당이에요."라고 답하였다.

대사 관저의 요리사들이 이전까지는 모두 중년 아주머니였던 관행을 깨고 나는 처음으로 신라호텔의 추천을 받아 전문대에서 요리를 전공한 젊은이 두 사람을 뽑아 왔다. 한 사람은 취사병으로 군 복무를 마치고 서울의 한 일식집에서 요리 경험을 쌓고 있었던 오정석 군이고, 다른 한 사람은 강남의 '한미리'라는 한식집에서 일해 온 한식 요리사 이숙경 양이었다. 나는 주방의 위계질서를 확실히 하기 위해 나이가 위인 숙경 양을 주방장으로 임명하고 두 사람의 봉급을 차등 있게 만들기 위하여 내 개인 돈으로 숙경 씨 봉급에 조금 보태 주었다. 키가 큰 편인 젊은 남자가 주방에 있으니 크고

요리사 오정석 군　　　　　　　　요리사 이숙경 양

무거운 조리기구를 다루는 일, 높은 수납장에 그릇을 올려 넣는 일, 쓰레기를 내다 버리는 일 등 힘든 일을 잘 처리해 주어 우리 주방은 평화롭게 유지되었다. 이 두 요리사는 우리와 작별한 2005년 2월 말 이후 15년이 넘는 오늘날까지 서로 카카오톡이나 전화로 연락하고 기회 있을 때마다 우리 집으로 나를 보러 온다.

　관저 직원으로는 두 명의 요리사 이외에 관저 마당과 주변을 손질하는 남자 직원과 내실 청소와 세탁을 맡은 여자 직원이 더 있었다. 서울에서 우리의 운전기사를 맡았던 이계진 씨와 그의 부인 김혜옥 씨였다. 김혜옥 씨는 이때 처음으로 우리 집안의 일을 하게 되었는데 워낙 깔끔하고 일을 잘할뿐더러 일종의 카리스마가 있어 두 젊은 요리사들이 '이모'라고 부르며 잘 따라 주어 관저 운영에 크게 도움이 되었다. 표현은 하지 않았지만 주말 산악인인 이계진 씨는 가까운 곳에 산이라고는 없는 워싱턴에서 '마음고생'이 많았을 것이라 미안한 생각이 들었다. 이 내외는 지금까지 우리 가족처

왼쪽으로부터 이계진, 김혜옥, 오정석, 이숙경

헤드웨이터 알렉스와 함께

럼 서로 잘 지내며 우리 일을 도와주고 있다.

이렇게 우리 관저의 구성원들은 끝까지 모두 잘 있어 주어 감사하게 생각한다. 관저의 용인들이 서로 마음이 맞지 않아 싸우기도 하고 대사 임기가 끝나기도 전에 문제가 생겨 내보내야 하는 경우를 많이 보아 왔기 때문이다.

관저의 또 다른 도우미로는 만찬이나 오찬이 있을 때마다 손님 수에 따라(대개 6:1~8:1) 부르는 전문 웨이터들과 설거지 도우미가 있다. 이들은 대개 중남미 출신으로 이름이 라틴계 아니면 스페인계였다. 중개업소에서는 되도록이면 같은 사람들을 우리 관저에 보내 주려고 노력하였다. 나는 이들의 이름을 모두 외워서 부르기로 작정하였는데 의외로 서양 문학이나 음악을 조금 알면 외우기 쉬운 이름들이었다. 남자는 알렉스(Alex), 우고(Hugo), 헤수스(Jesus), 호제(Jose), 여자는 마리아(Maria) 등 발음은 생소하나 철자를 보면 곧 알 수 있으므로 문제없이 이름을 불러 주면 매우 좋아하였다.

이숙경, 오정석 두 요리사는 만찬이 끝난 후 부엌 한가운데 넓직한 카운터에 따뜻한 음식으로 이들의 저녁을 잘 차려 주었다. 우리는 당연한 일이라고 생각했는데 이들은 이렇게 해 주는 것이 우리가 처음이라고 매우 감동하였다. 우리가 떠날 때 이들은 금으로 된 멕시코 전통 도끼 모양의 조그만 장신구를 하나 나에게 선사하였다.

대연회장 의자에 커버를 만들어 씌우다

워싱턴에 가 보니 대연회장에서 등나무로 된 간단한 원형 의자들이 엉성한 등받이가 그대로 노출된 상태로 사용되고 있었다. 약 100개가량 되는 의자가 커버 없이 놓여 있는 모양은 매우 품위가 없어 보였다. 커버를 장만하기 위하여 미국 업체에 알아보니 한 개에 200불이 넘는다는 것이었다. 도저히 우리 예산상 할 수 없는 일이었다.

치수를 정확히 재고 모양을 사진 찍어 한국 동대문의 어느 상점에 문의한 결과 그 10분의 1 값으로 신속히 만들어 미국으로 보내 줄 수 있다는 것이었다. 이렇게 하여 등 뒤에 큼직한 리본까지 달린 의자 커버를 씌우게 되니 사람들이 호텔 만찬장처럼 보인다고 모두들 좋아하였다. 의자 커버를 씌운 후 첫 번째 행사가 워싱턴 근교 장교 부인들을 위한 문화강좌와 오찬이었다. 이런 특강 행사에 관

위싱턴 근교 장교 부인들의 클럽을 위한 강연과 오찬. 2003년 11월 25일.

해서는 이 책의 제2부에서 좀 더 상세히 다루었다.

관저 메뉴 기록을 남기다

관저에서 차려야 할 정식 만찬(seated dinner)은 3, 40명에서 많게는 100명이 넘을 때도 있다. 이때 전직 대사 부인들이 사용한 메뉴가 있으면 참고로 할 수도 있겠다는 생각을 했으나 그런 것은 전혀 남아 있지 않았다. 주미대사관의 역사가 50년 이상인데 일종의 '기관의 기록(institutional memory)'이라고 할 수 있는 것이 전혀 없었다. 나는 '한승주 대사시절의 관저 메뉴'라는 기록을 남기기로 마음먹고 처음부터 모든 행사의 메뉴를 나의 컴퓨터에 입력하였고

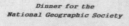

**Dinner for the
National Geographic Society**

Wednesday, January 13 2005 7:00 pm
Korean Ambassador's Residence
Washington, D. C.

Menu

Consommé Soup with Enoki Mushrooms,
Shredded Ginger, and Carrots
***
Salad with Baby Spinach, Belgian Endive,
Bacon and Feta Cheese
***
Lemon Sorbet
***
Grilled Beef Ribs, Boned and Marinated in Soysauce
Or
Oven Baked Salmon
French Beans, Rice
***
Side Dishes:
Kimch'i, Chapch'ae, Shredded and Sautéed Cucumber

Snow Orange Cups Filled with Orange Sorbet
and Topped with Strawberries Marinated in Rum
Garnished with Grated Coconut

Decaffeinated Coffee or Tea
***
White Wine: Robert Mondavi Chardonnay 2001
Red Wine: Keller Estate Pinot Noir, 2001

National Geographic Society를 위
한 만찬 메뉴

2005년 2월 말 귀국하면서 이를 디스켓에 담아 대사관과 관저의
후임자에게 전해 주고 왔다.

지금 이 메뉴 모음을 훑어보면 처음에는 매우 간단하게 적혀 있
으나 날이 갈수록 음식 하나하나의 설명이 구체적이고 길어진 것
을 볼 수 있다. 이렇게 하는 것이 당시 워싱턴의 고급 식당이나 다
른 대사 관저 메뉴의 기록 방식이므로 나도 이를 따르기로 하였다.
내가 고심한 부분은 순 한국 요리에 적절한 영어 이름을 부여하는
일이었다. 예를 들면 신선로(神仙爐)를 그저 'Sinseollo'라고 표기하
는 것은 외국 손님들에게 별로 의미가 없다. 그러므로 여러 가지 식

재료가 들어가는 이 음식을 'Korean Style Casserole'(한국식 캐서롤)이라고 하였고 구절판은 한국식대로 하면 밥상에서 먹기가 번거로우므로 'Seven Wonders Wrapped in Pancakes of Three Colors'(세 가지 색 팬케익으로 싼 일곱 가지 맛있는 음식)이라고 이름 붙여 아예 한 접시에 전병 세 개씩을 고기, 버섯, 당근 등 구절판에 들어가는 일곱 가지 내용물을 얌전하게 싸서 선보였다. 가장 여러 번 대접했던 갈비찜은 'Braised and Boned Beef Ribs with Radish, Carrots, Chestnuts, Jujubes & Ginkgo Nuts(뼈를 제거한 갈비찜에 무, 당근, 밤, 대추, 그리고 은행을 같이 넣음)'라는 긴 설명을 붙였다.

또 한 가지 이들 메뉴에 이례적인 것은 아예 처음부터 커피를 "decaffeinated coffee"라고 명시한 것이다. 만찬 후에 보통 커피를 마시면 잠드는 데 지장이 있으실 연세인 대부분의 손님들에게 안심하고 마실 수 있도록 한 것이다.

이렇게 나는 메뉴 기록과 손님 명단을 함께 보관하면서 같은 손님에게 되도록이면 다른 음식을 대접하려고 노력하였다. 그런데 한 대사는 워싱턴의 연구소(think tank) 학자들이나 언론 매체의 기자들을 자주 점심에 초청하여 관저에서 세미나 점심을 하였고, 이때 자연히 『두 개의 한국(The Two Koreas)』의 저자인 워싱턴 포스트(Washington Post)의 대기자 오버도퍼(Don Oberdorfer)가 여러 번 관저에 오게 되었다. 하루는 내가 "Don, since you come here so often, I ran out of menu for you!(당신이 자주 오셔서 새로운 메뉴

를 내놓을 수가 없네요)"라
고 농담 겸 진담을 했더
니 그는 "Oh, Song-mi,
you can serve me the
same dish every time.
Just let me come more
often.(나는 늘 같은 음식이
라도 자주 불러만 주면 좋겠
소이다)" 하며 즐거워하던
기억이 난다.

소르베와 꽃 장식

디저트 샘플 만들기

이 메뉴 기록을 참작할
것인가 하지 않을 것인가
는 전적으로 후임자에게

달렸지만 적어도 국가의 예산으로 운영되는 대사 관저에는 이 정
도의 기록을 남겨야 한다고 생각하였다.

관저에서 연회가 있는 날이 시작되면 손님 접대를 위해 장을 보
고, 꽃집에 가고, 메뉴판을 작성하고, 요리하고, 음식을 그릇에 담는
방식(presentation)의 샘플을 만들어 준 다음 나는 옷을 갈아입고 손
님들을 맞이한다. 이런 모든 일상이 긴장의 연속이다. 이렇게 열심
히 준비한 테이블 세팅이나 음식은 만찬이 끝나면 없어지는 것이
다. 그래서 나는 언제부터인가 부엌에 나의 카메라를 두고 마음에

드는 상차림은 사진을 찍어 남겨두기 시작하였다. 미국에 가기 직전 나의 연구 프로젝트는 조선시대 궁중 연향(宴享)을 기록한 진찬, 진연에 관한 의궤였다. 그 의궤의 음식, 상화(床花), 연회장 실내 장식 등 자세한 기록을 보고 우리나라의 기록문화의 실체를 알게 되어 나도 의궤의 정신으로 메뉴도 되도록이면 자세하게 쓰고 사진도 남겨 놓은 것이다.

밖에서 먹어 본 새로운 음식을 시도해 보다

대사 내외는 워싱턴의 외교가 또는 미 전역 순방 도중에 각종 문화행사에 초대되어 일류 레스토랑의 메뉴를 접하게 된다. 이때 나는 가끔씩 내가 경험한 메뉴를 관저에 돌아와 한번 요리해 본다. 먼저 그 비슷한 메뉴의 레시피를 요리책에서 찾아보고 실행에 옮긴다. 한번은 바닷가재 비스크(lobster bisque – 좀 된 편인 크림 수프)를 만들어 보았는데 레시피에는 삶은 가재의 붉은색 껍데기를 완전히 가루가 되도록 갈아 아름다운 색을 낸다고 쓰여 있었다. 그대로 해 보았지만 그 단단한 껍질을 곱게 가는 데도 한계가 있었다.

나의 '실험 메뉴'는 공사 부인들을 모셔서 같이 시식을 한 뒤에 몇 번의 실험을 거듭하여 이제는 되었다 싶으면 실제로 손님상에 올렸다. 그런데 시식 팀의 판단은 아무래도 색깔이 아닌 것 같다는 것이었다. 따라서 잠시 이 레시피를 보류하였는데 그 얼마 후 우리는 워싱턴에 인접한 L'Auverge Chez Françoise라는 불란서 식당에 초대받았다. 때마침 바닷가재 비스크가 선을 보이는데 그 색깔이 아름다운 크리미 핑크(creamy-pink)색이었다. 만찬이 끝날 무렵 높은 흰 모자를 쓴 셰프가 우리에게 인사하러 나오는 것이었다. 나는 기회를 놓치지 않고 비스크 색을 어떻게 냈느냐고 물었다. 그는 친절하게도 파프리카 가루를 조금 넣어보라고 가르쳐 주었다. 성공의 비결이었다.

또 다른 실험 메뉴는 2004년 가을 보잉(Boeing) 회사의 초청으로 워싱턴 레드스킨스(Redskins)의 게임을 보러 갔는데 그때 뷔페 점심 메뉴에 큼직한 연어 반 마리에 달콤한 소스를 발라 오븐에 구운 듯한 음식이 포함되어 있었다. 건포도와 말린 살구 등을 곁들여 놓아 모양도 좋고 무척 맛이 좋았다.

그 후 어느 날 나는 오정석 군을 데리고 워싱턴의 14번가에 있는 큰 수산시장에 갔다. 그곳에서 서양인들은 대부분 손질해서 쓰기 좋은 조각(fillet)들을 사지만 우리는 큰 연어를 통째로 사서 머리는 잘 잘라 두었다가 조려 먹고, 나머지를 위에서 본 것같이 요리해서 통째로 뷔페 상차림에 내놓았다. 이때 웨이터장 알렉스는 나에게 "That's going to go very fast. Let's put it in the back.(이 음식은 금방 없어질 것이니 순서를 좀 뒤쪽에 배열합시다)"라고 제안하였다. 과연 이 달콤한 소스의 오븐 구이를 뒤쪽에 배치하였음에도 불구하고 두 번씩 음식을 가지러 오는 손님들은 곧바로 그 연어요리로 갈 만큼 대 인기였다.

이때의 '요리 실험' 습관 때문에 워싱턴을 떠난 후에도 한동안 나는 밖에서 새로운 음식을 먹으면 이것을 어떻게 한번 만들어 보아야겠다는 생각을 하느라고 만찬을 제대로 즐기지 못한 적이 많았다. 말하자면 일종의 '직업병'이 되어버린 것이다.

관저 메뉴 커버를 디자인하다

이때 나는 관저 만찬에 사용하는 메뉴판이 두꺼운 흰 종이에 금테두리가 있고 윗부분에 정부 마크를 역시 금으로 찍어 놓은 매우 무미건조한 모양인 것이 마음에 걸렸다. 소연회장을 장식하고 있는 장미꽃을 그린 엄정순 화백에게 부탁하여 민화에서 인용한 꽃병과 과일이 담긴 그릇을 소재로 메뉴 표지를 만들었다. 민화 두세 점에서 응용한 것이며 밝고 따뜻한 색조의 표지이다. 이 표지의 안에 한쪽에 영문, 다른 쪽에 국문으로 된 메뉴 종이를 놓고 가운데를 매듭으로 만든 끈으로 고정시키는 것이다. 손님 가운데 기념으로 메뉴를 가져가시는 분들도 있지만 두고 가신 메뉴는 속 종이만 바꾸어 다음 만찬에서 다시 쓸 수 있게 되어 있다.

한국민화 모티프를 차용한 메뉴 커버

4월이 지나 날씨가 차차 따뜻해지니 한 대사는 좀 시원한 색

채의 메뉴 표지를 만들 것을 주문해 왔다. 나는 이때 「호조낭관계회
도(戶曹郎官契會圖)」라는 16세기 중반의 그림의 가운데에 있는 주인
공의 밥상을 인용하여 디자인해 줄 것을 엄정순 화백에게 또 한 번
요청하였고 몇 번의 이메일 왕래 끝에 매우 만족스럽고 시원한 메
뉴판 표지를 만들 수 있었다. 두 가지 모두 한국 전통 미술품에 기
초한 디자인이므로 대사 관저 만찬에서 손님들이 메뉴 커버 그림
에 대해 질문하면 나는 이들을 실마리로 소재와 색채 사용법 등 민
화의 특징에 관해 설명할 수 있는 기회가 생겼다. 두 번째 메뉴 겉
장의 '계회도 밥상'에서는 우리나라 전통 식사 예법, 즉 주인과 손
님들 모두가 각자의 독상(獨床)을 받고 둘러앉아 식사하는 풍습을
설명해 주면 외국 손님들은 매우 신기해하였다.

「호조낭관계회도」 주인공 밥상

「호조낭관계회도」를 인용한 여름 메뉴 커버

내가 알기로는 이들 메뉴 커버를 우리가 떠난 후에도 한동안 사용하였다. 지금까지 사용하는지는 확인하지 못하였다.

이처럼 대사 관저 만찬에서는 여러 가지로 우리 문화에 대해 외국인들에게 설명할 수 있는 기회가 많이 주어졌다. 관저에서 외국 손님들을 대접할 때 나의 진짜 직업이 무엇인지 모르는 손님들은 우리 문화에 관한 나의 지식이 어찌 그리 구체적일 수 있느냐고 의아해했다. 한번은 우리 관저에서 세종 솔로이스츠(Sejong Soloists) 단원들과 워싱턴의 NPR(National Public Radio) 관계자들을 만찬에 초대하였다.

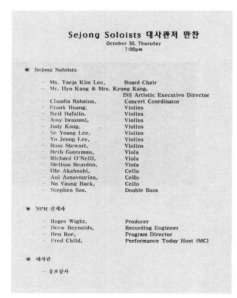

세종 솔로이스츠 대사 관저 만찬 참석자 명단

NPR의 대표가 나에게 이 음악 단체의 이름에 붙인 '세종'이 무슨 뜻이냐고 물었다. 조선왕조의 제4대 세종대왕이 우리나라 음악 발전에 기여한 바가 컸기 때문에 이 음악 단체가 세종 솔로이스츠라는 이름을 갖게 되었다고 설명하였다. 그리고 내가 미술사 교수라고 할 수 없이 실토하였다.

관저의 물품 목록을 작성하다

나는 대사 관저의 모든 물품, 즉 각 방의 가구, 조명기구, 주방의 각종 그릇과 기타 집기류 역시 모두 기록해서 관리해야 할 대상이라고 생각했다. 우선 안주인인 내가 무엇이 어디에 얼만큼 있나를 파악할 필요가 있었으므로 나는 대사관 총무과에 관저 살림의 물품 목록을 보여달라고 요청하였다. 총무과에서 가져온 것은 물품 사진 한 장과 그 물품의 명칭이 적혀 있는 B-5용지 크기의 두꺼운 카드들이 들어 있는 커다란 상자 두 개였다. 하나씩 꺼내 보니 물품들이 아무런 분류 체계나 의미 있는 순서가 없이 뒤섞여 있었다. 예를 들면 카드 1번이 침대, 2번이 화병, 이렇게 체계와 두서가 전혀 없는 상태였다.

윤병세 정무공사 부인과 함께 인벤토리 작성

1985~1986년 덕성여

대 박물관장을 맡고 있을 때 1971년에 개관한 이래 처음으로 직원 한 명과 같이 모든 소장품을 분류 편집하여 도판 몇 개를 실어 박물관 소장품 목록을 출간하였다. 이때 예산 부족으로 많은 도판을 넣지는 못했으나 주요 소장품들의 사진은 포함시켰다. 이 경험으로 나는 합리적인 분류 체계를 갖춘 대사 관저의 동산(動産) 목록을 작성하기로 마음먹었다.

몇 분의 공사 부인들의 도움을 받아 연회장, 거실, 침실, 서재 등 장소별로 크게 분류하고 관저를 장식하고 있는 서화(書畵)들은 각각 작가의 약력을 포함한 전시 도록 작품 설명(catalog entry) 수준의 설명도 곁들여 기록해 놓았다. 이 부분은 내가 출판까지 생각하여 정성껏 해 놓았으나 그것은 이루지 못하였다.

거실이나 연회장에 있는 서양식 가구의 명칭을 정확하게 기록하기 위해 책방에 가서 서양 가구에 관한 조그만 영문 책(Oscar P. Fitzgerald, *Four Centuries of American Furniture*) 한 권을 사다 참고하기도 하였다. 가장 복잡한 곳은 역시 주방이다. 가전제품 이외에 수많은 조리기구와 그릇 등을 재질에 따라 세부적으로 나누어 각각의 상표와 수량을 기록하였다. 도자기는 정부 마크가 새겨진 한국도자기 제품이 가장 많았지만 프랑스제(Limoges)도 얼마간 있었다. 이런 기록이 없는 상태에서 우리는 그릇이 하나 깨지면 본국의 총무과에 보고하고 허락을 받아야 버릴 수 있는 제도하에 살고 있었다. 몇 주일의 작업 끝에 나는 관저의 모든 물건을 일목요연한 분류체계하에 찾아볼 수 있는 인벤토리를 작성하였다. 이것도 내가 떠나면서 관저, 대사관 그리고 후임자에게 각각 한 개의 디스켓으로 남겼다.

이렇게 많은 물품이 있어도 정작 내가 꼭 필요하다고 생각했던 물건이 없는 경우도 있었다. 가전제품 가운데 관저의 필수품이라고 생각되는 와인 냉장고가 없었다. 그때까지 와인을 창고에 그냥 두어 제대로 보관되지 않아 아깝게도 못쓰게 된 와인들도 여러 병 있었다. 지금은 LG 와인 냉장고가 잘 나오지만 당시는 그렇지 않아 나는 우선 트랜썸(Transtherm) 회사 제품으로 대형 와인 냉장고와 그 반 정도 되는 작은 와인 냉장고 하나씩을 구입하도록 총무과에 요청하였다. 작은 것은 식당 가까이 놓고 그때그때 쉽게 사용할 수 있게 하고 큰 와인 냉장고는 같은 층이지만 식당에서 좀 떨어진 곳에 보관하여 큰 파티에 대비하였다.

다음으로 필요한 것들은 질이 좋은 '은 집기류(silverware)', 즉 양식용 숟가락, 포크, 나이프 등의 세트였다. 관저에 비치되어 있는 것들은 한국산 '인터내셔널 실버(International Silver)'라는 도은(鍍銀) 제품이었는데 질도 좋지 않은데다 오래되어 끝부분의 은이 모두 시커멓게 벗겨진 상태였다. 외국 손님들 상에 내놓기에 매우 민망할 지경이었으므로 나는 이 기회에 고가품이지만 영구적인 프랑스제 크리스토플 실버(Christofle Silver) 회사의 스털링 실버(sterling silver) 제품으로 한 분기 예산에서 8인조씩이라도 사서 장래를 위하여 적립해 나가기로 마음먹고 실천에 옮겨 우리가 떠날 때에는 약 40인조까지 적립한 것으로 기억한다. 이 계획이 계속 실현되어 100인조 정도가 모여 우리 관저의 대형 만찬에도 품위 있는 제품이 사용될 수 있게 되었기를 바란다.

관저 직원들에게 독감주사를 놓아 주다

2004년 가을에는 유난히 독감이 크게 유행하였다. 워싱턴에서는 독감예방 주사약이 일찌감치 동이 나다시피 하여 65세 이상 노인들에게만 선별적으로 예방주사를 놓아 주었다. 할 수 없이 나는 워싱턴 근교의 한인 의사 선생님을 찾아갔다.(죄송하게도 그 선생님의 성함이 기억나지 않아 실례를 범하게 되는 것이 못내 안타깝다.)

대사 관저에서 많은 손님을 대접해야 하는 나의 입장을 잘 이해하시고 나에게 우선 그 귀한 독감예방 주사를 놓아 주셨다. 이어서 나는 용기를 내어 관저의 두 요리사와 안팎으로 집안을 정리하는 내외, 도합 네 사람에게도 예방주사가 필수적이라고 말씀드렸다. 선생님께서는 곧 이해하시고 나에게 주사를 어떻게 놓아야 한다는 것을 자세히 일러주시고 일회용 주사약 네 개를 주셨다. 감사 말씀을 드리고 '이제 살았구나' 하는 기분으로 관저로 돌아왔다.

우선 두 젊은 요리사를 내 서재로 내려오도록 하고 독감주사를 맞을 것이라고 하였다. 먼저 내려온 오 군은 두리번거리더니 "누가 놓아주는데요?"라고 조금 의아한 표정을 지었다. "누구긴 누구야,

여기 나 말고 누가 또 있나?" 하니 그제서야 상황을 파악하고 단념한 듯 흰 상의의 팔을 어깨까지 걷어붙였다. 어깨로부터 조금 아래의 근육에 직각으로 주삿바늘을 삽입해야 하므로 소매를 거의 다 걷어야 했다. 팔을 나에게 맡기고 외면하는 동안 나는 간단히 주사를 놓아주었다. 차례로 들어온 나머지 세 사람에게도 같은 방식으로 예방접종을 해 주었다.

실토하자면 나는 그 전에 이미 여러 해 동안 일주일에 한 번씩 나 자신의 관절염 치료를 위해 스스로 피하주사를 놓아 왔기 때문에 주사를 놓는 일에 매우 익숙해 있었다. 독감예방 주사는 방법이 조금은 다르지만 주사 놓는 일에 대한 두려움이 전혀 없었기 때문에 아무 문제없이 '자연스럽게' 할 수 있었다. 이렇게 해서 우리 관저의 구성원들은 독감 걱정 없이 손님들에게 '위생적인' 만찬을 제공할 수 있었다.

요리사 오정석 군을 영어반에 보내다

같이 온 오 군과 이숙경 양은 전문대 출신들이므로 슈퍼마켓이나 델리 숍에 가면 점원들과 영어로 간단한 말은 할 것으로 기대하였다. 그러나 오 군이 하는 말을 점원들은 하나도 알아듣지 못하는 것이었다. 우선 발음이 정확하지 않고 문장을 완성하지 못하였기 때문이었다. 마침 근처의 교회에 한 달에 20불의 수업료를 내고 영어를 배울 수 있는 프로그램이 있었다. 오 군도 좋다고 하여 얼마 되지 않는 수업료지만 내가 지불해 주고 화요일, 목요일 10시부터 12시까지 수업을 듣도록 하였다. 관저에서 오찬 행사가 있는 날이면 오 군은 주방장인 숙경 양과 의논하여 자기가 준비해 놓을 수 있는 것을 미리 저녁 늦게까지 준비하고 영어 수업에 꼬박꼬박 참석하였다. 그만큼 책임감이 있는 것이 참으로 가상하였다. 나도 때때로 발음이나 문장을 고쳐 주기도 하여 한 학기가 어느덧 지났다.

시험 준비를 하는가 했더니 교회 영어반에서는 학기말 시험이 없다는 것이다. 특히 어학같이 암기를 요하는 과목에서 시험이 없다니 안 될 일이라 생각하여 오 군에게 내가 시험관이 될 터이니 그동안 배운 것들을 총체적으로 복습하고 단어들을 모두 외우도록 하였다. 오 군은 일주일의 준비 기간을 거쳐 필기시험과 구두시험을 제대로 치르고 나에게 급제 점수를 받았다. 서로에게 보람 있는 일이었다.

나의 새벽 공부 시간

워싱턴에서 생활하는 동안에도 공부를 계속해야 했으므로 아침 여섯 시에 일어나 약 두 시간 정도 서재에 앉아 있었다. 긴 시간은 아니지만 마음의 평화를 가져다 주는 시간이었다. 출판사에 넘겨야 할 많은 원고를 교정하는 일도 이때 하였다. 진찬, 진연 의궤 공동 연구, 그리고 조선왕조실록 미술기사자료집(朝鮮王朝實錄美術記事資料集)의 책임 편집을 맡았기 때문에 특히 일이 많았다.

조선왕조실록 미술기사자료집과 조선후기궁중연향문화

　　이때 나를 도와준 윤진영(현 한국학중앙연구원 한국학사전 편찬부장),
황정연(현 한국학중앙연구원 교수) 두 제자에게 감사의 말을 다시 전
하고 싶다. 이들이 보내온 원고 교정지가 도착하면 나는 남편 한 대
사의 미국 내 또는 유럽에서의 회의에 참석차 가야 하는 여행에 동
행하며 자동차, 기차를 가리지 않고 차 안에서 교정을 보았다. 한번
은 폴란드 여행에서 유태인 수용소가 있던 아우슈비츠로 가는 기
차에서 내내 조선왕조실록 미술기사 교정을 보았다. 이때 이홍구
전 총리께서도 같은 회의에 참석하시느라 기차에 타셨는데 내가
이상한 원고 뭉치를 들고 교정하는 것을 보고 의아해하셨다.

　　한 대사와 더불어 미국 각지로 여행할 때 많은 경우 나는 그곳의
박물관이나 대학에서 한국미술에 관한 강의를 해 주었다. '물 만난
고기'가 되는 시간이었다. 이런 강의 준비도 새벽에 하였다. 나의 미

국 내 문화강좌에 관해서는 다른 글에서 좀 더 구체적으로 다루었다.

하루는 최종화 경제공사님이 나에게 행복한 순간이 어떤 때냐는 질문을 던지셨다. 나는 두 번 생각할 여지도 없이 "아셀라 콰이엇 카(Acela quiet car)입니다"라고 대답하였다. 워싱턴에 있는 동안 나는 가끔 뉴욕 메트로폴리탄 미술관의 일 때문에 기차로 뉴욕에 가는 일이 있었다. 당시 이 미술관의 한국미술 담당 큐레이터 이소영 씨는 도자사(陶磁史) 전공자였으므로 회화 작품을 구입하려면 회화사(繪畵史) 전공자인 나에게 도움을 요청하였다. 나는 아침 일찍 급행기차(Acela Express)의 '조용한 칸'(quiet car)이라고 불리는 비즈니스 칸을 타고 2시간 45분 후에 뉴욕에 도착하여 소영 씨와 점심을 같이한 후 곧바로 작품 소장처로 간다. 몇 시간 동안 그림을 보고 때로는 당일로 워싱턴으로 돌아가고 늦으면 하루를 호텔에서 조용히 지내고 다음 날 아침에 돌아가기도 하였다. 분주한 워싱턴의 일상을 벗어나 '조용한 칸'(이 칸에서는 전화는 물론 대화도 일체 금함)에 앉아서 큼직한 상을 펼쳐 놓고 내가 보고 싶은 책이나 논문을 읽으며 때로는 창밖의 풍경에 눈을 주며 세 시간 가까이 나만의 시간을 보내는 것은 매우 신선하고 행복한 경험이었다.

관저의 서재는 아래층에 있고 부엌은 2층에 있어 겨울에는 어두운 복도와 계단을 지나 관절염 때문에 불편한 손으로 커피포트와 잔을 쟁반에 받쳐 들고 내려와야 하는 것이 큰 '고생'이었다. 얼마 후 나는 오 군에게 아예 저녁때 나의 아침 커피를 준비해 놓아 달라고 부탁하였다. 2005년 2월 말 한국으로 돌아와 내 서재로부터 그야말로 지척에 있는 부엌에 들어가 커피를 만들 수 있었을 때의 그 행복감은 아무도 모르리라.

위에서는 내가 주미대사 관저의 안주인으로 살면서 내 개인적인 삶에 관한 이야기도 있지만 더 많은 부분은 관저에 도입한 새로운 운영 방식에 관한 이야기를 정리한 것이다. 관저도 하나의 작은 기관이므로 그 운영 방식 가운데 좋은 선례가 있으면 기록으로 정리하여 놓고 다음 '관리자'에게 전수되는 문화가 자리잡게 되기를 바라면서 이 글을 마친다.

주(駐)바하마
대사 부인

우리나라의 주미대사는 주바하마 대사를 겸임한다.

바하마의 공식 명칭은 바하마 연방(Commonwealth of the Bahamas)이다. '바하마' 끝에 's'가 붙어 있어 섬이 많을 것이라 생각되기는 했지만 구글에 들어가 찾아보니 이 나라는 대서양의 루케이안 다도해(Lucayan Archipelago) 가운데 700개 이상의 섬과 모래로 된 여러 개의 작고 낮은 섬(cays), 그리고 더 작은 섬(islet) 들로 이루어졌음을 확인하였다. 1973년 영국으로부터 독립한 입헌 군주국이지만 국가 원수는 아직도 찰스 3세 국왕이며 그 밑에 총독이 있다. 당시의 총독은 아이비 듀몬트 부인(Dame Ivy Dumont)이라는 연로한 여자분이며(1930년생) 그의 부군도 공식 행사에 참석하였다.

인구의 85퍼센트가
흑인이라고 하며 내각
의 각료나 기타 고위층
인사들은 100퍼센트
흑인이었다. 나에게는
이 사실이 매우 신선한
충격으로 다가왔다. 수
도 나소(Nassau)는 프
로비던스(Providence)

바하마 지도

라는 섬에 있고 그곳 해안가에는 여러 개의 대형 크루즈 선박이 정
박해 있었다. 이들이 주로 바하마의 관광 수입을 책임진다.

한승주 대사는 재임 22개월 동안 모두 두 번 바하마를 방문하였
다. 첫 번째는 2003년 12월 10일부터 13일까지 신임장 제정을 위
해, 두 번째는 2004년 7월 8일부터 11일까지 독립 제31주년 기념
행사에 참석하기 위해서였다.

신임장 제정 행사

나소의 비행장에 도착하니 외무부 의전 차량이 우리 일행을 기
다리고 있었다. 모자를 착용한 기사에게 내가 "당신을 무어라고
부를까요?"라고 물으니 그는 "존스 장교로 불러 주십시오.(Officer
Johns, Madam)" 하는 것이었다. 미국 같았으면 이름(first name)으로

간단히 불러 달라고 했을 텐데, 철저한 영국식 문화임을 실감하며 번거롭지만 그대로 불러 주었다. 그러나 이 '존스 장교님'의 영어 발음은 제대로 된 영국식 발음과는 거리가 멀었다. 한 대사는 전혀 알아듣지 못하여 매번 나의 '통역'이 필요하였다. 나는 동양학 전공자들 사이에서 '표준'에서 벗어난 영어를 들을 기회가 많아 그의 영어를 비교적 잘 알아듣고 대사를 위해 통역하여 드렸다.

바하마 외무부 의전실에서는 대사 부인의 신임장 제정식 복장은 '모자를 쓰고 긴 장갑을 낄 것'이라고 명시하였다. 워싱턴에서 모자는 쉽게 장만하였지만 긴 장갑은 살 수가 없었다. 긴 장갑을 끼는 나라에 가면 쉽게 살 수 있을 것이라고 생각하여 나는 나소에 도착하여 백화점으로 갔다. 백화점 물품의 수준은 우리나라 한국전쟁 직후의 동대문 시장과 비슷하였다. 이때 나는 이 나라가 경제적으로 철저한 이중 구조라는 것을 깨닫고 가끔씩 보이는 백인들이나 큰길가에 늘어선 세계적 명품점들이 별로 좋아 보이지 않았다.

그런데 이 나라에서 첫 번째 공식 행사의 사진을 찍은 것은 분명한데 끝내 우리에게 아무 사진도 보내 주지 않았다. 공식 행사장이라 우리 대사관 직원들이 사진을 찍을 수 있는 곳이 아니었으므로 결국 우리는 아무런 사진을 갖지 못했다. 대신

바하마 앵무새 접시

그때 선물로 받은 바하마 앵무새(The Bahama Parrots)가 그려진 특산품 접시 사진을 싣는다.

매우 간단한 공식 행사 후 역시 매우 간단한 세 코스 메뉴의 오찬이 있었고 이때 이 나라의 각료들과 어울릴 기회도 있었다. 대화의 내용은 지금 기억할 수 없으나 비교적 젊은(1953년생) 미첼(F. A. Mitchell Jr.) 외무 장관은 나에게 신기한 인상을 남겼다. 나는 그를 보는 순간 오랫동안 잊고 있었던 나의 석사과정 시절 인도 미술사의 한 토막이 떠올랐다. 다름이 아닌 힌두 전설에 나오는 여러 신들 가운데 제일 사랑받는 크리쉬나(Krishna)의 이미지인데 이 신은 "푸른 몸(blue body)"으로 불리기도 한다. 원래 흑인이지만 너무 까맣다 못해 푸른 기가 돈다는 것이다. 미첼 주니어 외무 장관의 얼굴 피부색이 바로 이렇게 푸른 기가 감돌았다.

이때 우리를 영접해 준 깁슨(M. E. Gibson)이라는 한국 명예영사가 있었다. 그는 영국에서 공부한 사업가였으며 부인은 내각의 금융서비스·투자부 장관이었다. 그날 저녁 근처의 골프 클럽에서 이 내외와 두 딸과 더불어 우리가 이곳에 온 후 제일 '사치스러운' 분위기와 음식으로 저녁을 대접받았다.

바하마는 원래 세계적인 휴양지로 알려졌으나 우리가 있던 프로비던스 섬이 아닌 다른 섬들에 고급 휴양 시설이 있다고 들었다. 우리의 숙소였던 브리티시 콜로니얼 힐튼(British Colonial Hilton) 호텔이 나소에서는 제일 고급 호텔이라고 하나 모든 시설이 우리나라의 시골 호텔과 비슷하였다. 내다보이는 대형 크루즈 선박의 관광객들은 배에서 숙식을 전부 해결하고 바하마 본토에는 겨우 50 달러 정도를 떨어뜨린다고 한다. 관광수입에 크게 의존하는 이 나라에 별로 도움이 되지 않는 금액이다. 가까운 곳에 있던 관광지는 우리나라 TV에도 가끔 나오는 파라다이스 아일랜드(Paradise Island)에 위치한 아틀란티스 호텔(Atlantis Hotel)이었다. 나소로부터 7.3km 정도 거리인 이 호텔이라도 다녀와야 할 것 같아서 우리 일행은 이곳의 아름답고 환상적인 수족관에서 아이들처럼 재미있는 시간을 보내고 돌아왔다.

그 밖에 나는 혼자 시내의 화랑들에서 이곳 화가들의 작품 전시를 관람하였다. 밝고 명랑한 그림들이 마음에 들었던 것으로 기억한다. 우리가 떠날 때 총독실에서는 나에게 『바하마의 예술(Bahamian Art)』이라는 책을 한 권 선사하였다. 이 책의 표지를 여기에 소개한다.

Bahamian Art

바하마 공화국 독립 제31주년 기념행사

우리의 두 번째 바하마 방문 (2004년 7월 8일 부터 11일)은 이 나라
의 독립 제31주년 기념식에 참석하기 위한 것이었다. 이번에도 바
하마 담당 홍성화 참사관과 서기관 중에는 권원직 일등 서기관이
우리 일행에 합류하였다.

첫날 저녁에는 총독 내외가 주최한 외교단 전체를 위한 리셉션
이 마운트 피츠윌리엄(Mount Fitzwilliam) 정부 청사에서 간단한 뷔
페 음식과 더불어 열렸다. 나는 음식보다도 높직한 이 장소의 아름
다운 전망에 더 깊은 인상을 받았다.

다음날의 주요 일정은 밤 9시에 클리포드 공원(Clifford Park)에서
개최된 야외 행사였다. 오후 6시에 외교단을 위한 간단한 리셉션이
있은 후 모든 사람들이 공원으로 향했는데 날이 어둡자 비가 조금

마운트 피츠윌리엄 정부 청사

씩 내리기 시작하였다.

우리에게 이 행사의 내용을 잘 설명해 준 사람은 없었는데 존스 장교가 계속 "주니어 정카누(Junior Junkanoo)"라고 말해 주었다. 내용은 외무부 안내서에 간단히 문신(Tattoo), 국기게양 의식(Flag Raising Ceremony), 그리고 불꽃 쇼(Fireworks Display)라고 열거되어 있었다. 알고 보니 젊은이들이 주축이 된 '정카누', 즉 아프리카 전통이 바하마로 와서 생겨난 융합 음악과 춤의 공연이었다. 문신은 누가 어디서 했는지 보이지 않았다. 그런데 칠흑같이 어두운 행사 장에 비가 점점 더 퍼붓는 것이었다. 호텔을 떠날 때 비가 올 조짐이 전혀 보이지 않았으므로 우리 일행은 쏟아지는 비에 무방비 상태였다. 주최 측 마이크에서 행사가 취소된다는 안내 방송만을 기다렸으나 방송에서는 오히려 행사가 계속된다고 열심히 사람들을 붙잡아 두었다. 우리 주변의 모든 외교단 대사들은 비를 맞으며 계속 앉아 있어야 했다.

공원 바닥은 잔디가 없이 진흙으로 되어 있어 비가 튀니 순식간에 대단한 흙탕물 바다로 변하였다. 짐작하건대 빗물 하수구가 제대로 되어 있지 않은 것 같았다. 한참을 더 지나 마이크에서 행사를 여기서 취소한다는 안내 방송이 나왔다. 그제서야 우리는 움직일 수 있었는데 그동안 다행히 옆자리의 중국 대사님이 우리에게 작은 우산 한 자루를 주셔서 머리만이라도 가리고 있다가 완전 '족제비' 모습이 되어 호텔로 돌아왔다. 외교단에게 상당히 실례였으나 사과의 말은 한마디도 들을 수 없었다. 다음 날인 7월 10일 아침 행사인 종교 의식을 끝으로 독립기념행사는 대단원의 막을 내렸다.

주미대사관 부인회의 바하마 수재(水災) 돕기 성금

7월에 있었던 바하마 독립기념행사에서 비를 많이 맞고 오기는 했지만 우리는 워싱턴의 바쁜 일상으로 돌아와 바하마 일에 신경을 쓸 겨를이 없이 두어 달이 지났다. 그러던 어느 날 나는 대사의 서재 책상 정리를 하다가 우연히 조슈아 시어스(Joshua Sears) 주미 바하마 대사가 한 대사에게 보내온 9월 16일 자 편지를 발견하였다. 내용인즉슨 9월 초에 바하마를 강타한 허리케인으로 복구 예산

시어스 주미 바하마 대사의 편지

133

비용이 미화 1억 2,500만 달러로 추산될 정도로 심각한 수해가 발생하여 우리 정부에 도움을 요청한다는 것이었다.

7월의 행사장에 퍼붓던 비를 상기시키며 대사에게 이 편지에 답신을 했는지를 여쭈어 보았다. 대사의 대답은, 우리 정부에 전달했으나 9월 말로 외무부에서 그 해 쓸 수 있는 재난 구제 예산을 모두 써 버린 상태여서 도움을 줄 수 없었다는 것이다.

주바하마 대사 부인이기도 하였던 나는 이때 우리가 조금이라도 성의 표시를 해야겠다고 생각하여 대사관의 다섯 분 공사(경제, 정무, 공보, 무관부, 정무 제2공사) 부인 회의를 소집하고 성금의 규모와 전달 방식 등을 의논하였다. 주미대사관 부인회도 자체 바자를 통해서 어느 정도의 재원(財源)을 마련해 두고 있는 상태였으므로 크지는 않지만 1,000달러의 성금을 전달하기로 정하고 날을 잡아 주미 바하마 대사 부인과 차석대사의 부인을 관저에 초청하여 점심을 같이하며 자연스럽게 전달하기로 의견을 모았다.

우리가 정한 11월 1일은 유난히도 화창한 가을 날씨였다. 나는 대연회장에 아름답게 오찬 테이블을 차려 놓고 이날 참석 가능한 공사 부인들도 초대하여 조촐한 오찬 행사를 치렀다. 바하마 측에서는 대사 부인 미셸 시어스(Mrs. Michelle V. Sears)와 일등 서기관 부인 이베트 뉴리(Mrs. Yvette Newry)가 참석하였고, 우리 측에서는 최종화 경제공사, 신언 정무 제2 공사, 바하마 담당 홍성화 참사관의 부인이 참석하였다. 전체 피해 규모를 생각하면 정말로 약소한

1993년 11월 1일 성금 전달 오찬

To the Embassy of the Bahamas,
Washington, D. C.

The Sum of One Thousand Dollars for the Disaster
Relief Fund

From the Wives Association of the Korean Embassy,
Washington, D. C.

With Friendship and Best Wishes
November 1, 2004

주미 한국대사관 부인회 바하마 성금 증서

1993년 11월 1일 성금 전달 오찬

금액을 기부했지만, 아무 관심도 보이지 않는 것보다는 나을 것이
라고 우리는 생각하였다.

　당시에 바하마와 우리나라 사이에는 별로 중요한 현안이 있었던
것이 아니었으므로 우리는 바하마를 더 이상 방문하지 않았다. 여
름 휴가를 이곳에서 보낼 수도 있었으나 우리 내외는 바하마라는
나라 전체가 매우 가난한 곳인데 그곳의 사치스러운 휴양지에서
휴가를 마음 편하게 보낼 수 있을 것 같지 않다고 생각하였다. 그보
다도 한 대사 재임 기간에 이라크 파병 등 많은 어려운 일들이 있었
기 때문에 우리는 휴가를 제대로 보낸 적이 거의 없었다. 바하마라
는 나라에 대한 나의 인상이 언젠가는 지금보다는 마음 편한 쪽으
로 바뀌기를 막연히 기대해 본다.

워싱턴의 각종
모금 만찬

내가 워싱턴에서 신경을 많이 썼던 일 가운데 하나는 각종 자선단체에서 신청해 오는 관저 모금 만찬이 었다. 이제 우리나라는 한국 전쟁 이후 수십 년 동안 세계 각국의 경제적 도움을 받아온 수혜국의 위치에서 벗어나 시혜국으로 전향 할 때가 온 것이다. 내가 대사 부인으로 직접 참여한 행사 가운데 는 국제 원조구호기구인 CARE(Cooperative for Assistance and Relief Everywhere), 미국 주도 문화기관인 아시아협회, 해외 주둔 미군들 을 위한 미군위문협회(USO, United Service Organization), 워싱턴 일원 에서 활약하는 한국계 젊은 음악도들의 성장을 도와주는 단체인 한국콘서트협회(Korean Concert Society) 등이 있었다. 이들을 위 한 모금을 위해 관저에서는 만찬을 열어 주는데, 이 경우 대개 워싱턴에 위치한 기업체(주로 미국)의 CEO들이 1인당 500.00달러부터 1,000.00달러까지 지불할 손님을 모아 테이블당 5,000.00달러에서 10,000.00달러나 하는 테이블을 여러 개 사게 된다. 그 돈을 우리가 받는 것이 아니라 국제적 자선단체나 봉사단체에 기부하며, 우리 대사관에서는 장소와 음식을 제공하는 것이다. 모금 행사를 간단히 정리해 보겠다.

국제원조구호기구(CARE, Cooperative for Assistance and Relief Everywhere)

한국전쟁 당시 우리나라를 많이 도와준 케어(CARE)라는 국제기구가 있다. 이 기관의 로고는 네 개의 흐린 색 피부와 네 개의 짙은 색 피부의 손들이 서로 손끝을 마주 대며 둥그런 원 안에 들어 있는 형상이다. 서로 돕는 손들이라는 의미로 보인다.

1945년에 출범한 순수 민간기구인 CARE는 그동안 구조상의 변화를 거쳐 지금은 케어인터내셔널(CARE International)이라는 명칭으로 14개 나라에 본부를 두고 있다. 이들은 인류를 가난, 질병, 양성(兩性) 불평등, 무지(無知) 등으로부터 해방하여 기본적 생존권을 보호하는 것을 주요 목적으로 한다. 식수원(食水源) 제공, 위생적

CARE 로고

화장실 보급, 농사짓는 법 교육 등의 사업을 한다.

내가 참여한 행사는 2004년 5월에 있었던 CARE의 58주년 기념행사로, 그 부제를 'Faces of Hope : Tomorrow's Healthy Families(희망찬 얼굴들: 내일의 건강한 가족들)'라는 아주 기본에 충실한 내용을 담은 것이었다. 실제로 이때 모든 참석자들에게 아프리카 르완다의 가난한 한 소녀의 사진이 담긴 편지가 배포되었다.

CARE로부터 받은 식수 탱크, 남녀 칸이 구분된 화장실 등 매우 기초적인 시설들이 자신들의 생활을 크게 변화시켜 준 데 대해 감사한다는 내용이었다. 학교 화장실이 남녀 공용일 때는 학교에 무척 가기 싫었는데 새 화장실이 생긴 이후 학교 가는 것이 즐겁다고 했다.

CARE 모금 만찬은 모두 세 단계로 진행되었는데 첫 단계는 그 전야제 격으로 프랑스 대사 관저에서 개최된 외교단 리셉션이었다. 이 행사는 우리 대사관을 포함하여 5월 7일에 모금 만찬을 제공하기로 되어 있는 31개 국가(+대만)의 대사 내외가 초청된 우아한 모임이었다. 사진에서 보다시피 화려한 촛대, 꽃 장식, 색상 조화를 잘 이룬 음식 배열 등

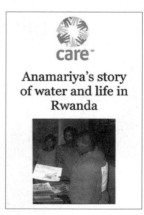

르완다 소녀의 편지

이 매우 인상적이었다.

가장 중요한 제2단계는 각국 대사 관저의 모금 만찬이다. 5월 7
일에 31개(+대만) 대사 관저들이 일제히 그 비싼 테이블 값을 지
불하고 오는 손님들에게 저녁 대접을 하는 것이다. 이 행사 전체
를 조율한 준비위원회의 5월 24일 보고에 의하면 우리 대사관은
몇 년간 이 행사에 참여하지 않았다가 2004년 다시 참여한 대사관
가운데 하나라고 되어 있었다. 그 몇 년(after an absence of several
years)이 얼마나 오랜 기간인지는 모르지만 나는 메뉴나 음식 서빙

프랑스 대사 관저 CARE
모금 리셉션 테이블

프랑스 대사 관저 CARE
모금 리셉션

(serving)에 특별히 신경을 쓰지 않을 수 없었다. 메뉴는 호박죽, 연어를 곁들인 야채 샐러드로 시작해서 주요리는 한식으로 뼈를 모두 제거한 갈비찜(+무, 당근, 밤, 은행, 대추), 그리고 서양식으로 버터 소스를 가볍게 바른 아스파라거스를 녹색 채소로 활용하여 색을 살렸

한국대사 관저 CARE 만찬 메뉴

다. 김치와 잡채는 반찬으로 개인별로 별도의 그릇에 제공하였다. 나는 후식과 두 종류의 와인이 모두 열거된 이 만찬의 메뉴를 아직도 가지고 있다.

이 행사의 마지막 단계인 제3단계는 관저 만찬 후에 9시 30분부터 시작되는, 우리말로 하면 '2차' 격인 댄스 파티이다. 후식이 또 제공되고 음악과 댄스가 펼쳐진 장소는 OAS(The Organization of American States)의 남북아메리카 홀(Hall of the Americas)였다. 자선단체에 많은 돈을 기부하는 기업들에게 선사하는 훌륭한 저녁의 대단원이 이렇게 마무리되었다. 이때 모금액이 50만 달러 가까운 액수로, 후진국에 수많은 깨끗한 우물과 위생시설을 제공하여 '내일의 건강한 가족'들을 가능케 할 수 있는 돈이다.

아시아협회(The Asia Society)

다음으로 뉴욕에 본부를 둔 아시아협회를 위한 모금 운동이다. 록펠러(Rockefeller) 집안이 창설한 대표적 문화사업 기관으로 미국의 여러 도시에 지부를 두고 있다. 워싱턴, 휴스턴, 샌프란시스코, 로스앤젤레스가 대표적이다. 지금은 우리나라에도 그 지부가 있고 롯데 그룹의 신동빈 회장이 한국 지부장을 맡고 있다.

우리 내외도 남편은 이사로, 나는 국제자문위원(global council member)으로 한국 지부의 일을 적극적으로 돕고 있다. 뉴욕의 본부에는 록펠러 집안의 소장품인 동양 미술품들을 상설 전시하는 아시아 소사이어티 미술관(The Asia Society Museum)이라는 아름다운 동양 미술관이 있으며 여기에는 우리의 비색(翡色) 고려청자도 포함되어 있다.

아시아협회는 전국 각 도시의 지부에서 '아시아 소사이어티 여름 자선행사(Asia Society's Gala Summer Benefit)'라는 이름으로 아시아 전문가 한 사람을 초청해서 아세아 정세에 관한 최신 브리핑을 듣는 '비싼' 만찬을 해마다 기관의 웹사이트에 광고한다. 우리 관저에서는 2004년 6월 23일에

아시아협회 로고와 뉴욕 본부

'Dinner on the Occasion of the Asia Society's Gala Summer
Benefit: Asia on My Mind: A Korean Journey'라는 제목으로 국
제정치학자 한승주 주미대사와 워싱턴 포스트의 돈 오버도퍼 대기
자를 전문 연사로 내세워 사람들을 모았다.

　나는 만찬을 준비하고 후식이 제공될 때쯤부터 한국 콘서트 협
회의 협조로 한국계 젊은 음악가들의 피아노와 첼로 연주를 준
비하였다. 이때 우리와 절친한 친구인 라파엘 번스타인(Raphael
Bernstein) 파르나소스 재단(Parnasus Foundation) 이사장 내외분은
댁이 뉴저지이므로 뉴욕에 등록할 수도 있는데 일부러 우리를 보
러 워싱턴에 오기도 하였다.

　이날의 메뉴는 '비시수아즈 코리아나(vichyssoise Koreana)'라는
냉국(cold soup)으로 시작되었는데 이 수프는 원래는 리크(leek)와
감자를 원료로 만드는 프랑스 요리 비시수아즈를 조금 변형하여
감자를 많이 넣는 대신 시원한 무를 넣은 것이다. 이처럼 나는 조금

주미대사 관저

이라도 한국식 색채를 가미한 메뉴를 가끔 고안하였다. 그 밖의 메뉴는 'A Korean Journey'라는 행사 부제에 어울리는 한식 주요리를 대접하였다. 연사, 음악, 그리고 메뉴에 이르기까지 비싼 비용을 지불하고 오신 손님들의 반응은 매우 좋았다.

돌이켜 보면, 나는 한 대사가 1993년 2월에 외무부 장관으로 발령 되기 이전에 이미 워싱턴 지부의 한국문화 강의 요청을 받아 놓은 상태였으므로 1993년 4월 19일 워싱턴 지부 측에서 요청한 '한국불교사찰 소개

Dinner on the Occasion of The Asia Society's Gala Summer Benefit
"Asia on My Mind: A Korean Journey"
Wednesday, June 23, 2004, Seven O'clock in the Evening

Korean Ambassador's Residence,
Washington, D. C.

Menu

Vichyssoise Koreana with Sweet Corn and Lobster
Salad with Arugula, Walnut, and Pan Seared Scallops
Passionfruit and Orange Sorbet
*****
Boned and Grilled Beef Ribs Marinated in Korean
Barbecue Sauce
or
Baked Salmon Marinated in White Wine
Cooked Asparagus, Sautéed Mushrooms
Cooked Rice
*****
Side Dishes: Red and White Kimch'i
*****
Assorted Fresh Berries with a touch of Whipped Cream
Decaffeinated Coffee or Tea
*****
White Wine: Robert Mondavi Chardonnay, 2001
Red Wine: Kendall Jackson Cabernet Sauvignon, 2000
Champagne: Cordon Rouge

아시아협회 모금 만찬을 위한 관저 메뉴

(Introduction to Buddhist Temples of Korea)'라는 제목으로 강의한 적도 있었다. 이 강의 자료를 새롭게 하기 위해 이미 여러 번 가 보았던 해인사를 추운 2월에 다시 가 보았던 기억이 새롭다.

후식 접시들

미국위문협회(USO)

다음은 내가 많은 시간과 노력을 지속적으로 들여 봉사한 USO(United Service Organization)에 관한 이야기를 적어 본다.

USO 로고

미국은 이라크전에 개입한 후 좋지 않은 국내외 여론을 감수해야 하는 지경에 놓여 있었다. 그러나 옆에서 지켜본 나는 그들이 자기 나라 군대를 위해 하는 일이 정말로 많다는 것을 깨달았다. USO의 활동이 그 한 예이다. 이 단체는 미국 연방의회의 재가를 받아 구성된 민간단체로, 주로 해외에 나가 있는 미군들과 그 가족들에게 복지 환경을 제공하고, 사기(morale)를 북돋아 주거나 위문품을 통해 작지만 감동적인 물질적 도움을 주는 일을 한다. 또한 USO 모바일 캔틴스(USO Mobile Canteens)라는, 어느 험악한 길도 문제없이 갈 수 있는 튼튼한 사륜구동차를 운영하는데 이 차에는 기본적인 생필품 및 의약품이 실려 있고, 컴퓨터와 인터넷 서비스도 제공되었다. 이 기관의 자수품 로고에는 'Until Everyone Comes Home'(모든 사람이 귀국할 때까지)이라는 구절이 적혀 있듯이 자신들의 책임이 어디까지라는 것을 분명히 해 둔다.

유명한 코미디언 봅 호프(Bob Hope, 1903~2003)가 해마다 해외 주둔 미군들에게 위문공연을 갔던 것도 이 기관을 통해서였다. 그는 베트남전이 한창이었던 때도 한 해도 거르지 않고 크리스마스 위문공연을 강행한 것으로 널리 알려졌다. 우리나라에도 용산에 USO 한국 지부가 있었고 내가 대사 부인 신분으로 미국에 가기 전에 그곳에서 서울 주둔 미군을 위해 영어로 한국문화강좌를 해 준 일도 있었다. 나는 그때 USO의 실체나 규모에 관해 전혀 알지 못한

USO Mobile Canteen

채 초대받은 강의를 했을 뿐이다. 해외 주둔 미군들에게 주둔국의 문화를 알게 하는 배려도 참 의미 있는 일로 생각된다.

내가 이 단체의 모금 운동에 관여하게 된 것은 워싱턴의 국제 사교 클럽인 International Neighbors Club I에 가입하여 이 클럽에서 당시 미국의 합참의장 리처드 마이어스(General Richard B. Myers) 장군 부인 매리조 마이어스(MaryJo Myers)를 만나게 된 것이 계기가 되었다고 할 수 있다. 미국 측에서는 고위 장성, 상·하원 의원, 대학 총장 등 사회 지도층 인사의 부인들이 봉사활동으로 USO의 일을 돕고, 외교단에서는 영국과 일본 등 미국 동맹국의 대사 부인들이 이에 동참하였다. 우리는 미국의 동맹국이며 이라크에 군대도 보내고 있었으므로 나는 자연스럽게 USO의 여러 행사에 적극적으로 참여하게 되었다. 제일 중요한 과제는 마이어스 여사가 부회장을 맡고 있던 연중 모금 행사인 연례 디너(Gala Dinner)를 계획하는 일이었고, 늦가을쯤부터 시작되는 세계 각지에 주둔하고 있는 미군 장병들에게 연말 위문품을 보내는 일로 한 해의 행사가 마무리된다.

2004년의 갈라 디너는 10월 14일로 정해졌고 마이어스 여사가 진두지휘한 준비위원회는 그해 봄부터 세 차례 모임을 가졌다. 내가 처음 참석한 회의는 5월 7일 알링턴(Arlington)에 있는 미군 기지(Fort Myer) 안에 위치한 합참의장 공관에서 열렸다. 워싱턴에서 포토맥(Potomac) 강 건너 버지니아주에 위치한 이 군사기지는 매우

평화롭게 보였고 미국의 합
참의장 공관이라면 무시무
시할 것이라는 나의 우려를
완전히 불식시킬 만큼 실제
로 좀 크지만 아담한 콜로
니얼(Colonial) 스타일 가정
집인 것에 놀랐다. 마이어스

마이어스 여사가 나에게 보내준 친필 감
사장에 그려진 합참의장 관저

장군이 일본에 주둔했을 때 수집한 일본 예술품과 민속예술품들로
아름답게 장식되어 있었다. 이 관저의 모습이 담긴 카드에 마이어스
여사가 나에게 보내준 친필 감사장을 여기에 싣는다.

　이때 나는 워싱턴의 업무상 오찬(business luncheon)은 상당히 간
결한 '세 코스(전채, 주요리, 후식과 차)' 메뉴로 깔끔하게 이루어져 시
간 낭비가 전혀 없이 매우 효율적이라는 것도 배우게 되었다. 그날
이 첫 번째 회의였으므로 10월 행사의 큰 줄기가 논의되었다.

　두 번째인 6월 22일 준비위원회는 우리 관저에서 점심을 제공한
나에게는 가장 중요한 모임이었다. 관저 모임이라도 예외 없이 '세
코스' 메뉴였지만 나는 아름답게 접시에 담는 데 신경을 많이 썼다.
후식(과일과 차)을 앞에 놓은 마이어스 여사를 위시한 16명의 준비
위원들이 직사각형 테이블에 둘러앉은 모습을 카메라에 담았다.
이 모임에 영국이나 일본 등 우리보다 더 잘사는 나라도 있었으나
나는 이런 행사를 우리 관저에서 개최하는 것이 국제사회에서 우

관저 준비위원회 오찬

리나라의 위상을 제고하는 일이라고 생각하여 기꺼이 자청하였던
것이다. 마이어스 여사는 매우 환영하였고 행사 뒤에도 따로 친필
감사카드를 보내왔다.

우리가 오찬 회의를 진행하는 동안 이라크에서는 한국의 군납업
체 직원인 김선일 씨가 피살된 사건이 일어났다. 합참의장 부인인
매리조는 자신의 소식통에 의해 나보다 먼저 이 소식을 접하고 점
심 회동 직후 돌아가자마자 나에게 유감을 표하는 전갈을 보내왔
다. 실로 우리 국민 모두에게 가슴 아픈 일이었다. 나로 하여금 이
라크 주둔 군대들을 위한 모금 행사를 더 열심히 해야겠다고 다짐
하도록 한 사건이었다.

우리 관저 오찬 모임부터는 10월 14일의 프로그램을 정하는 일

과 기관이나 개인 '기부자'들을 물색하는 일이 시작되었다. 석 달 후 있을 세 번째이자 마지막 준비 모임까지 기부금 윤곽이 드러나야 하기 때문이다. 이때 나는 워싱턴 일원에서 크게 활약하고 있는 IT 기업 STG의 이수동(Simon Lee) 회장님께 도움을 청할 수 있지 않을까 생각하고 혼자서 고민을 좀 하다가 부인 애나 리(Anna Lee) 씨에게 먼저 실마리를 꺼냈다. 이때 내가 이수동 회장님, 마이어스 여사, 그리고 다른 실무자들과 주고받은 편지들을 기록을 위해서 모두 보관하고 있다.

마지막 9월 15일 준비 모임은 워싱턴의 아름다운 조지타운 (Georgetown) 지역에 위치한 포시즌스 호텔(Four Seasons Hotel) 식

마이어스 여사가 나에게 보내준 친필 감사장

당에서 있었다. 이때는 이미 고액 기부자들의 명단이 나왔고 STG도 10,000달러를 약정한 후원자로 기록되었다. 가장 큰 후원자는 10만 달러를 기부한 트라이웨스트 보건연합(TriWest Healthcare Alliance)이라는 회사였다. 이때 준비위원들은 이 회사가 이라크 전쟁에서 부상자들을 어떻게 신속하게 첨단 의료장비가 장착된 비행기로 실어 날아 반드시 살려놓고 있나 하는 신기한 이야기도 들을 수 있었다.

2004년 10월 14일 USO 갈라 디너, 힐튼 호텔

USO 갈라 디너에 참석한 우리 부부

USO 로고가 있는 후식

10월 14일 드디어 갈라 디너가 워싱턴의 힐튼 호텔 대연회장에서 1000명의 좌식 디너(seated dinner) 형식으로 성대하게 열렸다.

미군의 다섯 부문(Army, Navy, Air Force, Marine and Coast Guard)의 아름다운 대형 기치(旗幟)를 들고 키 큰 기수들이 들어오는 모습도 매우 인상적이었다. 각 부문에서 용감한 '영웅' 한 사람씩을 표창하는 순서에서는 이라크에서 전사한 군인도 포함되어 있었는데 그의 부인이 대신 나와서 받는 것을 보고 매우 가슴이 뭉클했던 기억이 지금도 새롭다. 만찬에 이어 미군들이 좋아하는 음악 프로그램으로 행사는 끝을 맺었다.

갈라 디너 이틀 후 10월 16일에는 'USO 케어패키지 사업 (Operation USO Care Package)'이라는 행사에 참여하여 해외 주둔 미군들에게 연말에 보내는 선물 패키지를 만드는 일에 참여하였다. 버지니아주의 페어팩스(Fairfax) 카운티에 위치한 육군 기지(Fort Belvoir)의 커다란 창고 건물 안에는 끝없이 기다란 컨베이어 벨트가 설치되어 있고 그 옆에는 선물 보따리에 넣을 물건들이 쌓여 있었다. 많은 자원봉사자들이 공장에서 제품을 조립하듯 물건들을 차례로 집어넣어 보내는 것이다.

보통 위문품에 들어가는 물건들 이외에 가장 인상적이었던 것은 AT&T에서 기부한 100분짜리 국제통화 카드였다. 이때는 개인 휴

버지니아주 페어팩스에 위치한 미군 기지

152

대폰이 없었으므로 매우 귀한 선물이었다. 나를 또 감동시킨 것은 이라크전에서 다리 반쪽을 잃은 군인이 붕대를 감은 채 목발을 짚고 이 일에 참여하고 있는 모습이었다.

　USO 일을 하면서 나는 우리나라도 군인들의 사기를 북돋아 주는 일을 하는 민간단체가 필요하다는 생각을 하게 되었다. 일단 나는 USO에 관한 모든 자료를 받아 귀국 후 노무현 대통령 영부인에게 귀국 인사를 하면서 USO 이야기를 좀 하고 그 자료를 참고하시라고 청와대에 놓고 왔다. 이때 나는 내 직업이 교수이고 또 많은 연구과제가 산적해 있으므로 도저히 나 자신이 아무런 일을 할 수 없었던 것이 매우 아쉬웠다. 짧은 기간이었지만 그만큼 USO와의 경험은 나에게 감명 깊은 일이었다.

한국 콘서트 소사이어티(KCS, The Korean Concert Society)
워싱턴 근교에 기반을 둔 민간단체로 1979년 단체 결성 이후 한

국 또는 한국계 음악도를 발굴하고
이 지역에서 데뷔 리사이틀의 기회
를 만들어 주는 중요한 일을 해 왔다.
Charles E. Pang이라는 분이 회장을
맡고 조지 워싱턴 대학의 벤자민 황

KCS 로고

(Benjamin Whang) 교수 내외와 첼리스트 정 국(Joung C. Cook)이라
는 분이 예술감독을 맡고 있었다. KCS의 도움으로 성장한 가장 유
명한 음악가는 세계적 바이올리니스트 김지연 씨이다.

그 밖에도 많은 젊은이들이 미국 내에서 활약하고 있다. 우리는

Concert Dinner for the Korean Concert Society
6:30 pm, Friday, March 19, 2004
Korean Ambassador's Residence, Washington, D. C.

Menu

Shrimp Bisque

Orange Sorbet

Braised and Boned Beef Ribs with Radish, Carrots, Chestnuts,
Jujubes, Ginkgo Nuts, French Beans, & Rice

Side Dishes: Kimch'i, Shredded Cucumber

Meringue Mango Delight Garnished with Fresh Berries
Decaffeinated Tea or Coffee

White Wine: Robert Mondavy Chardonnay, 2000
Red Wine: Keller Estate Pinot Noir, 2001

Chee-Yun, violin
Yong Hi Moon, piano

Program

de Falla   *Six Spanish Folksongs*
     1, El Pano Moruno 2, Asturiana
     3, Jota 4, Nana 5, Canción 6, Polo
Rachmaninoff   *Vocalise, Op.34, No.14*
Elgar   *Salut d'Amour*
Saint-Saens   *Introduction & Rondo Capriccioso*
Massenet   *Meditation from "Ihais"*
Sarasate   *Zigeunerweisen*

Violinist Chee-Yun's combination of
flawless technique, beautiful tone
and compelling musical temperament
has quickly captured the attention of
the music world. Her brilliant artistry
has been shared with audiences and
praised by critics on five continents.

Chee-Yun has performed with many
of the world's foremost orchestras,
including the Philadelphia Orchestra,
the London Philharmonic, Toronto
Symphony, the Houston Symphony
and the National Symphony and with
such distinguished conductors as
Hans Graf, James DePriest, Jesus
Lopez-Cobos, Michael Tilson Thomas, Krzysztof Penderecki, Neeme
Järvi, and Pinchas Zukerman.

KCS 모금 만찬 메뉴와 바이올리니스트 김지연 씨 연주 프로그램

2003년 9월 27일 처음으로 KCS가 케네디 아트 센터의 테라스 시어터(Terrace Theater)에서 주최한 음악회에 초청받아 두 명의 한국계 음악인들의 데뷔 연주를 관람하였다.

우리 관저에서는 2004년 3월 19일에 김지연 씨와 역시 같은 경로로 데뷔하여 활발하게 활약하는 피아니스트 문용희 씨의 연주와 관저의 우아한 만찬으로 100명이 넘는 손님들을 모을 수 있었다. 각자의 기부 금액은 내가 지금 알지 못하지만 전체 모금액이 대략 4만 달러 정도 되었다고 한다. 나와 우리 요리사들에게는 매우 힘

바이올리니스트 김지연 씨의 연주를 감상하는 손님들

KCS 예술감독 벤자민 황 교수 내외와 필자 내외

긴즈버그 대법관, 김지연 씨, 피
아니스트 웬디 첸. 긴즈버그 대
법관 집무실 근처의 소강당에
서, 2004년 10월 26일

든 만찬이었으나 예상외로 성공적인 모금 행사였다.

　이와 같은 KCS와의 인연으로 우리 내외는 워싱턴의 매우 이색
적 장소에서 열린 음악회에 초청받게 되었다. 김지연 씨는 2004
년 10월 26일에 다시 워싱턴 공연예술협회(Washington Performing
Arts Society)의 법조인들의 모임(Lawyers Committee)을 위한 음악회
에서 중국계 피아니스트 웬디 첸(Wendy Chen)과 함께 공연하였다.
공연 장소는 연방정부 대법원 내의 긴즈버그 대법관(Justice Ruth
Ginsburg)의 집무실 근처에 위치한 소규모 강당이었다. 이때 검은
색 원피스를 입은 조그마한 체구의 긴즈버그 여사는 직접 손님들
께 "우리 집에 오신 것을 환영합니다.(Welcome to my home.)"라는
환영 인사를 하였고, 음악회가 끝난 후 작은 리셉션도 열어 주었다.
유명 인사를 이렇게 만나 보니 신기하였다.

　이러한 모금 만찬은 나에게는 매우 힘든 일이었으나 한국의 국
제적 위상을 널리 알리는 데 크게 일조한다는 것은 틀림없는 사실

이었다.

가장 중요한 재원(財源) 마련에 관해 나는 아무것도 모르는 상태였다. 하루는 이종칠 총무참사관(후에 센다이 총영사)이 "사모님께서 역대 대사 사모님 가운데 가장 많은 행사를 하십니다."라고 하였으나 대사관 예산이 고갈되었다는 말씀은 하지 않으셔서 나는 다행으로 생각하였다. 그저 나는 음식 재료를 사고 당일에 웨이터를 부르는 데 드는 적지 않은 비용을 지불해 준 대사관에 감사하게 생각한다.

〈워싱턴 디플로맷〉에 소개되다

이렇게 많은 행사를 하였기 때문인지 〈워싱턴 디플로맷 Washington Diplomat〉이라는 외교가 소식지에 한국대사 부인으로는 처음으로 나에 관한 기사가 크게 나기도 하였다.

2004년 9월호의 문화 부문에 '외교관의 배우자들(Diplomatic Spouses)'이라는 란이 있는데 여기에 'Heart and Seoul: Wife of Korean Ambassador Puts Everything Into Work, Family, Life(마음과 혼(soul을 Seoul로 했음): 한국대사 부인, 자신의 일과 가족, 그리고 생활에 모든 것을 바치다.)'라는 제목으로 내가 교수로서, 학자로서 어떻게 변신하여 대사 부인의 임무를 수행하고 있나 하는 이야기를 자세히 소개하였다.

이 기사를 쓴 여기자 게일 스콧(Gail Scott) 여사와는 후에 친해져

Diplomatic Spouses
Heart and Seoul
Wife of Korean Ambassador Puts Everything Into Work, Family, Life

by Gail Scott

I couldn't think of not coming to Washington. Koreans consider the ambassadorship to the U.S. as the number-one diplomatic post," said art historian and prolific author Yi Song-mi, wife of Korean Ambassador Han Sung Joo.

"I know that without me, things would not be carried out in this residence," she said sitting on a comfortable yellow sofa just outside her bookcase lined office, which used to belong to the ambassador in their stunning Korean residence tucked behind American University. Her grand piano is nearby, but she noted, "My bad arthritis keeps me

Association, director of the Duksung Women's University Museum, and a member of the editorial boards of the Archives of Asian Art and the International Council of the Asia Society. As chief editor of the ongoing series "Fine Arts-Related Articles From the Veritable Records of the Choson Dynasty," she has produced seven volumes of writings. Other recent publications include "Fragrance, Elegance and Virtue: Korean Women in Traditional Arts and Humanities," published in both Korean and English.

In the just-released revised edition of her book "Architectural Wonders of the World: A Personal Perspective," Yi takes readers to her favorite places, ancient and modern, including well-known monu-

Korean Ambassador Han Sung Joo and his wife, Yi Song-mi, center, pose with their son Charles (left), his wife Susan (right) and their children at the official Korean residence.

2004년 9월 Washington Diplomat 문화란에 실린 게일 스콧 기자의
주미대사 부인에 관한 기사

Washington Diplomat 게
일 스콧 기자와 함께

집으로 초대받은 적도 있었다. 나에 관한 기사가 이렇게 워싱턴 외
교가에 알려지는 것이 나뿐만 아니라 우리 대사관에도 좋은 일이
었다고 생각한다.

대사를
대신하여

한승주 대사 재임 22개월간 그가 연사로 초청받은 행사는 무수히 많았다. 이 가운데 행사 바로 2, 3일 전에 갑자기 대사가 참석해야 할 '더 중요한' 다른 일이 나타난 경우가 몇 번 있었다. 이때 초청 행사의 성격에 따라, 또는 주최 측의 양해를 얻어 내가 대신 가게 된 경우가 가끔 있었다. 초청 행사가 박물관이나 미술관의 한국 관련 특별전 개막식인 경우 나의 대타는 순조롭게 이루어졌다. 그러나 미술과 관련 없는 행사에서는 주최 측 인사들이 부인이 대신 나타나는 경우 어느 정도 '우려'하는 분위기가 있었을 것이다. 따라서 그런 경우에 있었던 뒷이야기도 이 글에 포함시켰다.

CHSFS 어린이 가정 모임과 가족 봉사 행사

미네소타주의 미니애폴리스에 근거한 이 단체는 1975년부터 한국 어린이들의 미국 가정 입양을 돕는 역할을 해 왔다. 이 기관을 통해 입양된 어린이들은 이제 당당히 미국 사회의 일원이 되어 한국문화를 배우고 자신들의 양부모들을 한국 애호가로 만들고 있다. 이들은 양부모와 더불어 한국을 찾고 한국문화를 체험하고 미국의 지역사회에 한국을 알리는 역할도 하고 있다.

이 기관에서 핵심적 역할을 해 온 한현숙 여사(Mrs. Han Hyunsook, 본명 심현숙)는 28년의 봉사를 마치고 2004년 4월 29일 'Many Lives Intertwined(많은 사람들의 인연을 맺어 주다)'라는 제목의 성대한 은퇴식을 갖게 되었다. 약 500명 정도가 참석하여 성황을 이루었다. 이들은 입양아, 부모, 입양기관에 지속적 재정 지원을 해 주는 분들이었다. 백혈병을 앓아 골수이식이 필요했던 성덕 바우만의 이야기는 언론을 통해서도 잘 알려져 있다. 이때 이 모든 일을 신속하게 주선한 주인공이 바로 한현숙 여사였다. 그녀는 미국 생활 28여 년 동안 헌신적인 노력으로 약 13,000명의 어린이들에게 가정을 찾아 주고 이들 부모들로 하여금 한국과 한국문화를 체험하고 배울 수 있도록 도와주는 데 지대한 공헌을 하였다. 이와 같은 공로를 인정받아 한현숙 씨는 정부로부터 국민훈장 동백장을 받았다.

CHSFS에서는 이 뜻있는 행사에 대사가 와서 축사를 해 달라고 부탁하였다. 그런데 갑자기 하버드대학 케네디 스쿨(Kennedy

School)의 어느 행사에 꼭 한 대사가 연설해야 할 일이 생겼다. 대사관에서는 나와 유영학 복지관(후에 보건복지가족부 차관 역임)이 대신 행사에 참석하기로 결정하였다. 나는 대사를 대신하여 축사를 하고 유 복지관은 대사관의 금일봉을 한 여사님에게 전달하기로 하였다. CHSFS 측에서는 한국 부인 한 분이 나와서 우리에게 비행장에서 호텔까지의 차편을 제공해 주셨다. 이곳 지역사회의 자원봉사자 조직이 잘 짜여 있어 가능한 일이었다. 나는 행사가 끝난 후에야 그분이 한 대사의 고교 동창이자 미네소타대학의 김태환 박사의 부인이라는 사실을 알게 되었다.

이 큰 행사의 MC를 맡아본 미니애폴리스 지역 TV 방송사의 아나운서 Ed Heil 역시 입양아였는데 매우 준수한 용모에 성공적 직업을 가진 모범적 케이스였다. 그가 나를 청중에게 'Dr. Yi Song-mi'로 소개해 주어 나는 안도의 숨을 내쉬었다. 무대 위에는 단발머리를 하고 흰 칼라가 달린 곤색 교복 차림의 한현숙 씨의 중학생 시절 사진이 크게 확대되어 관중석을 향한 벽을 장식하고 있었다.

나에게는 물론 한 여사의 업적을 칭송하는 내용의 준비된 축사가 있었지만 이를 뒤로하고 분위기를 풀기 위해 몇 가지 이야기를 먼저 하였다.

한현숙 씨의 중학생 시절

우리나라와 달리 서양에서는 심각한 내용의 연설이라도 시작할 때 'icebreaker'라고 해서 가볍게 사람들을 웃기는 이야기들을 하기도 한다.

우선 사회자에게 나를 'Mrs. Han'이라고 소개하지 않고 'Dr. Yi Song-mi'라고 불러준 것에 대해 감사하였다. 그랬더라면 오늘의 주인공 한현숙 여사(Mrs. Han)의 빛을 바래게 하는 큰 실례가 될 뻔하였기 때문이라고 하니 청중들은 박수를 보내 주었다. 이어서 미술사학자의 눈으로 여중생 한현숙의 초상 사진을 분석해 보겠다고 하고, 그 특징을 '야물게 생겼다(hard as a nut-shell)' 또는 '찔러도 피 한 방울 나지 않을 것(not a drop of blood shed when poked with a needle)' 같은 얼굴이라고 표현하였다. 이와 같은 막강한 의지력의 소유자인 이 소녀는 많은 역경을 이겨내며 오늘날 이 영광의 자리에 선 한현숙 여사가 된 것이라고 하였다. 나는 이렇게 내 이야기를 시작하였으므로 준비된 축사가 사실상 필요 없을 것 같았으나 대강 읽고 끝으로 내가 알고 있는 미국 상류층 인사들의 한국 어린이 입양 이야기도 들려주었다. 즉 1990년대 국방장관을 지낸 윌리엄 페리(William Perry) 씨의 아들이 남자아이를 하나 입양했고, 당시 워싱턴에서 나와 같은 사교클럽의 회원인 오리건주의 상원의원도 딸을 하나 입양하였다. 두 가족 모두가 나에게 감동스러운 보람과 행복을 이야기해 주었다는 것을 청중들에게 전달하였다.

몇 사람의 축사가 더 있었고 마지막으로 한현숙 여사는 준비된

CHSFS의 한현숙 씨 은퇴식에서 인사말
을 하는 필자

한현숙 씨와 더불어

텍스트도 없이 자연스럽게 감정을 듬뿍 담아 자신의 경험담을 청
중에게 들려주었다. 그녀의 눈물겨운 노력으로 좋은 가정을 찾은
아이들이 어른이 되어 이 이야기를 듣고 있었다. 나는 그녀의 열정
을 받아줄 수 있었던 많은 미국인들이 있었기 때문에 그 모든 것이
가능했다는 것을 새삼스럽게 깨닫고 그 자리에 참석한 많은 부모
들에게 감사하였다.

　행사가 끝나고 김태환 박사 내외분과 잠시 앉아서 차를 마실 시
간을 가졌다. 김 박사님은 내가 대사를 대신하여 축사를 한다는 사
실을 알고 "이것 또 영어도 못하는 어느 촌스러운 여자가 나와 말
도 제대로 못하고 엉기다가 내려가겠구나" 생각하시고 무척 불안
했다며 내가 연단에서 서양인들처럼 분위기를 부드럽게 만드는 말
로 시작하는 것을 보고 깜짝 놀랐다고 실토하셨다. 이 행사의 '대사
대타' 역할을 보신 김태환 박사의 배려로 나는 얼마 후 미네소타대
학에서도 대사의 빈자리를 채우게 되었다.

미네소타대학과 서울대학교의 교류 프로그램 50주년 기념
행사*

이 행사는 2004년 11월 15일에 세인트폴의 미네소타 주립대학
맥나마라 동문회관에서 열렸다. 2000년에 완공된 이 건물은 매우
독특한 구조의 '예술품'이었다. 이 두 대학의 교류 프로그램에 관
해서 나는 대학 시절부터 알고는 있었지만 2004년에 이미 50주년
이란 것을 알게 되니 감격스러웠다. 그런데 '교류'의 내용은 주로
'Minnesota Project'라는 이름의 한국 의학도 양성, 의사 연수 등
의학 관련 분야에서 진행되었고 그 결과 당시에 의학 후진국이었
던 우리나라가 현재와 같은 의학 선진국으로 도약할 수 있는 발판
을 마련해 준 것이었다. 우리 주변의 많은 의사들이 UM 의과대학
출신인 것도 이 프로젝트의 결과였다.

이때 김태환 박사님은 UM 의대에서 국제 의학교육과 연구 프로
그램을 담당하고 계셨고 이 행사의 준비위원장을 맡고 계셨다. 그
는 한 대사에게 이 행사에 참석해 줄 것을 요청하는 편지를 행사 두
달 전에 보내왔다. 그리고 내가 Minneapolis Institute of Arts에서
그 전 주일에 강의한다는 소식을 이미 접하고 나도 대학 행사에 초
청하였다. 물론 한 대사는 이 역사적인 행사에 참석하겠다고 응답
하였다.

---

* The 50th Anniversary Celebration of the Seoul National University(SNU) and University of
  Minnesota(UofM) Exchange Program

164

미네소타대학의 맥나마라 동문회관

　그런데 11월 15일로 예정된 이 행사를 며칠 앞둔 시점에 김영삼 전 대통령께서 바로 이날 워싱턴을 방문하실 것이라고 대사관에 통보하셨다. 김 전 대통령의 첫 번째 외무부 장관이었던 한 대사는 미네소타대학에 이 소식을 알리고 양해를 구할 수밖에 없었다. 김 박사께서는 4월 29일에 이 도시에서 있었던 한현숙 여사 은퇴 기념식에서 대사를 대신하여 연사로 나간 내 모습을 보셨고, 또 나도 서울대학교 출신이니까 내가 혼자 와도 손색이 없을 것이라 말씀하셨다. 내가 한 대사를 완전히 대신할 수는 없으나 간단한 인사말이라도 하기로 한 것이다.

나는 워싱턴의 유명한 사교 클럽인 Chevy Chase Club의 한 파티에서 우연히 앨런 그린스펀(Alan Greenspan)FRB 의장 옆에 앉게 되었을 때 그분과 주고받은 다음과 같은 대화를 소개하였다. 음악 소리가 크게 울리는 파티장에서 그는 나에게 "I know you are the wife of the Korean ambassador. But what do you do?(당신이 한국대사 부인인 것은 아는데 무슨 일을 하십니까?)"라며 내 직업을 물었다. 나는 "I am an art historian, sir.(저는 미술사학자입니다, 의장님)"라고 대답하였다. 시끄러운 음악 때문인지 그는 나에게 "Did you say historian?(사학자라고요?)" 하고 되묻는 것이었다. 나는 "I said, art historian.(미술사학자라고 말씀드렸습니다.)" 하고 큰 소리로 대답하였다.

그린스펀 의장은 우리나라가 이제 세계 16대 경제 대국이 되었으니 미술사와 같은 인문학 연구도 해야 할 것이라고 하였다. 그래서 내가 우리 대통령은 우리나라가 11대 경제 대국이라고 LA 교민들에게 바로 며칠 전에 말하는 것을 들었다고 하니 그는 "Oh, is that right? I better check my statistics.(아, 그런가요? 통계를 다시 점검해야 되겠네요.)"라며 한발 물러섰다.

앨런 그린스펀 FRB 의장

위의 대화 내용을 근거로 하여 나는 미네소타대학교와 서울대학교 간의 교류가 그동안 의학이나 생명과학 분야에 치우쳐 왔지만 앞으로 50년을 바라보며 미술사를 포함한 다른 인문학 분야로도 확대시켜 두 대학이 여러 학문 간 균형 있는 교류로 발전시켜 나가 줄 것을 당부하였다. 결국 나는 당시 미국 금융계의 황제 그린스펀 의장 덕택에 박수를 좀 받았다.

피바디에섹스 뮤지엄의 유길준 한국미술문화 갤러리 헌정
행사 2003년 9월 8일
　PEM은 보스턴에서 약 40km 동북쪽에 위치한 Salem이라는 도시에 있는 미술관이다.(Salem은 1690년대 청교도들의 '마녀사냥' 재판으로 유명한 도시이기도 하다.) 이 미술관의 설립자인 에드워드 모스 (Edward S. Morse)는 일본과 한국, 그리고 다른 동남아 미술 작품까지 수집한 선구적인 인물이다. Morse Collection 이외에도 묄렌도르프(von Moellendorff)라는 독일인이 수집한 한국 생활용품들, 그리고 우리나라 개화기(開化期)의 외교관이자 최초의 미국 유학생으로 유명한 유길준(1856~1914)이 남긴 한국 의상과 민속품, 영문 편지 등의 기록을 소장한 곳이다. 물론 그 이후 꾸준히 유입된 여러 가지 작품들도 포함되었다.
　우리나라 국립박물관에서는 이미 1994년 11월에 이 박물관 소장품을 대여해 〈유길준과 개화의 꿈: 미국 피바디에섹스 박물관 소

장 100년 전 한국풍물〉이라는 전시를 개최하고 도록도 출간하였
다. 이 도록에도 글을 기고한 PEM 동양미술 담당 큐레이터 수잔
빈(Susan S. Bean) 박사는 2003년 이전부터 한국 국제교류재단의
'Curators' Workshop' 프로그램에 참여하기 위하여 여러 번 한국
에 다녀간 사람이어서 나와 이미 잘 아는 사이였다. 그녀는 이 미술
관의 중요한 회화작품 가운데 하나인 8폭짜리 병풍 〈평안감사환
영도(平安監司歡迎圖)〉에 관해 2000년부터 나와 서신을 주고받으며
보존 처리 방법과 당시에 낱 폭으로 되어 있는 이 그림을 병풍으로
꾸밀 경우 각 폭의 올바른 순서 등을 문의하기도 하였다. 나는 국내
의 유사한 병풍들을 참작하여 그 순서를 알려 주었다.

피바디에섹스박물관 소장
〈평안감사환영도〉 7, 8폭

Yu Kil-chun Gallery of Korean Art and Culture, PEM 오프닝 행사에서 이인호 국제
교류재단 이사장님(왼쪽에서 세 번째)과 함께 테이프커팅 하는 모습

    PEM의 전면적 보수와 재개관은 이미 6월에 이루어졌으나 'Yu
Kil-chun Gallery of Korean Art and Culture'라고 이름한 약 80
평 규모의 한국실의 특별 개관 행사가 9월 8일로 정해졌다. PEM
측에서는 물론 대사의 참석과 축사를 원했지만, 이번에도 대사의
다른 일정 때문에 내가 대신 가기로 하였다. 이 행사를 위하여 한국
에서 오신 국제교류재단의 이인호 이사장님은 테이프 커팅 후 간
단한 인사 말씀만 하시고 미술사학자인 나에게 유길준 갤러리 개
관식을 위한 좀 더 전문성 있는 이야기를 하도록 배려해 주셨다.

    빈 박사와 많은 참석자들이 나의 이 미술관 소장품, 특히 8폭 병풍
〈평안감사환영도〉에 대한 관심과 전문 지식에 대하여 감사하였다.

윤광조 개인전

이 밖에도 필라델피아 미술관에서 있었던 2003년 10월 3일 한국 도예가 윤광조의 특별전 'Mountain Dreams: Contemporary Ceramics by Yoon Kwang-cho' 개막식에서도 대사를 대표하여 '미술사적' 내용의 축사를 하였다. 이 미술관의 동양 담당 큐레이터 펠리스 피셔(Felice Fisher) 박사는 오래전부터 나를 이 미술관의 Korean Heritage Group 외국 자문위원에 위촉했을 만큼 잘 아는 사이였다. 윤광조 특별전은 미국 유명 미술관에서 처음으로 열린 한국 도예가의 개인전이라는 점에서 매우 큰 의의가 있었다. 윤 도공(陶工)(윤광조는 평소에 자신이 도공이라고 하였음)의 작품들은 조

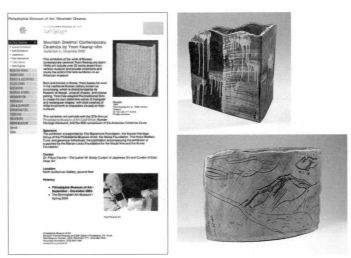

필라델피아 미술관에서 개최된 윤광조 도예 특별전 포스터와 작품들

170

필라델피아 미술관의 피셔 박사(오른쪽에서 두 번째), 한국문화유산
위원회 인사들과 함께

선시대의 분청사기(粉靑沙器) 기법에 기초한 것이므로 나는 축사에
서 분청의 역사와 특징을 설명하고 조선시대 도자기 가운데 가장 현
대적 변용(變容) 가능성을 내포하고 있는 도자기라는 점과 윤광조가
성공적으로 이 작업을 수행하였다고 분석하였다.

　이때 나는 그 전날인 10월 2일 워싱턴 관저에서 800명이 넘는
손님을 모시고 국경일 행사를 치르고 난 직후였기 때문에 다소 피
곤했으나 오래전부터 내가 자문 역할을 해 온 미술관의 한국 관련
전시 초대를 거절하기 어려웠다. 더욱이 윤 도공은 내 남동생(治珪)
의 고교 동창이므로 평소에도 나를 누님이라 부르며 행사 오래전
부터 자신의 공방이 있는 경주로부터 이 행사에 우리 내외가 꼭 참
석해 달라는 간곡한 편지를 보내기도 하였다.

　나는 한국미술을 해외에 소개하는 강의를 할 때 이때 전시되었

던 윤광조의 많은 작품 가운데 몇 개를 선택하여 즐겨 보여 준다. 그만큼 그의 도자기는 한국의 전통과 현대를 잇는 뛰어난 작품이다.

위에 소개한 몇 가지 행사에서 대사가 실제로 모습을 드러내어 '대사다운' 좀 더 진지한 인사말을 해줄 것을 기대했을 청중들에게는 다소 미안한 마음도 있었다. 그러나 나의 전문성을 기초로 한 인사말들을 좋게 받아들여 준 미국 사회의 분위기가 나에게는 정말 부럽게 느껴졌다.

주미대사 부인의
문화외교

　　　　　　　　　　　　대사 부인의 역할 가운데 가장 중요한
것은 관저에서 손님 대접을 잘 하는 것임에는 틀림없다. 어느 선배
외교관의 부인께서는 대사 관저를 아예 '밥집'이라고 표현하시는
것을 들은 적이 있다. 나의 본래 직업이 미술사 교수였으므로 한승
주 대사의 관저는 조금 다를 수밖에 없었다. 내가 미국에서 석사학
위(UC Berkeley)와 박사학위(Princeton University)를 받는 동안 같이
공부했던 미술사학계의 친구들이 당시에 미국 각처의 미술관 또는
대학에 자리잡고 있어 내가 미국에 왔다는 소식을 듣고 기회가 닿
으면 강연해 달라는 요청이 항상 있었다.

　주미대사는 재임 시 다른 여러 주의 대학과 정책 기관 등에 다니
며 강연을 하도록 되어 있었다. 따라서 나도 대사와 같이 여러 가지

행사로 여행할 때 그 기회를 이용하여 많은 강연을 하게 되었다. 워싱턴 DC 내의 대학이나 미술관에서도, 특수한 부인들의 사교단체들을 위한 모임에서도 한국문화에 관한 강연을 많이 함으로써 나의 전공을 살려 우리 문화를 알리는 노력을 끊임없이 기울였다. 내가 2003년 8월 말부터 2005년 2월 말까지 약 18개월간 워싱턴에 머무는 동안 워싱턴은 물론 미국 여러 도시와 캐나다에 이르기까지 대략 20여 차례의 문화강좌를 개최하였다.

스미스소니언의 딜런 리플리 센터(S. Dillon Ripley Center) 강의 2003년 9월 6일

워싱턴에 도착한 지 얼마 되지 않아 스미스소니언 국제 갤러리에서 개최 중인 〈꿈과 현실(Dreams & Reality)〉이라는 제목의 한국계 미국인 미술가들의 전시와 연계된 행사가 있었다. 나의 강의 제목은 '조선의 도공(陶工)과 화공(畵工) Potters and Painters of Korea'이라는 것이었는데 나는 이 강의를 한국에서 오래전부터 준비하여 이미 5월 초에 휴스턴 미술관(Museum of Fine Arts,

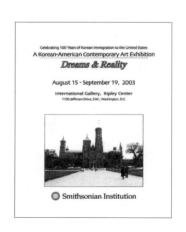

Houston(MFAH))에서 한 번 한 것이었다.

휴스턴에서는 내가 1991년 한국국제교류재단의 전신인 한국국제문화협회 주관으로 한국미술을 소개하는 강의를 한 이후 관장 마지오(Peter C. Marzio 1943~2010) 박사와 친하게 되었다. 그가 궁극적으로 이 미술관에 한국미술 전시실을 만들 생각으로 2003년 5월에 나를 다시 초대한 것이다.

강의 내용을 간단히 소개하면, 미술사에서 시대를 많이 거슬러 올라가 보면 기원전 5~4세기 그리스 시대에는 아예 토기 위에 그릇을 빚은 사람(potter)과 그림을 그린 화가(painter)의 이름을 동시에 적어 넣는 전통이 있었으나 우리나라에서는 조선시대 그 많고 아름다운 도자기를 빚은 사람들의 이름은 알려진 바 없으며, 도자기 표면의 장식 역시 도화서(圖畵署)의 무명 화공들에 의해 그려졌다는 역사적 사실을 먼저 지적하였다.

이어서 우리나라의 변종하(1926~2000), 김기창(1913~2001)과 같은 소수의 현대 화가들이 그림을 그린 도자기

장기를 두고 있는 아킬레우스와 아이아스를 묘사한 암포라(기원전 525-520). 도공 겸 화가인 엑세키아스(Exekias)의 작품.

변종하, 〈복숭아와 비둘기〉, 접시

2003년 9월 8일 스미스소니언 특강 보
도(중앙일보)

몇 점을 보여 주었다.

마지막으로 나는 역사적 사실(事實)을 떠나서 조선시대 말기의 화원 장승업(1843~1892)을 소재로 한 2002년 영화 〈취화선(醉畵仙)〉의 장면들을 소개하였다. 자유분방한 필치로 커다란 백자(白磁) 항아리의 표면에 그림을 그리는 장승업의 예술가다운 모습과 그의 생애의 마지막을 신화화(神話化)한 장면, 즉 그가 자신의 그림이 그려진 도자기가 구워지고 있는 불가마 속으로 몸을 구부려 들어가 사라지는 장면을 보여 주었다.

워싱턴에서 발간하는 중앙일보 미주판 2003년 9월 8일 자 기사에서 소개한 것처럼 강의 후 많은 질문을 받으며 활기찬 끝마무리를 짓게 되었다.

워싱턴 근교 장교 부인 클럽을 위한 강연과 오찬

워싱턴 주변에는 크고 작은 군 기지가 많이 있고 이곳에 근무하는 장교 부인들의 사교활동도 매우 활발하였다. 우리 대사관도 당시 문영한 장군이 국방무관 공사로 계셨고 상당수의 무관부 직원들이 있었다. 이들을 통하여 우리 관저에서 문화행사를 한번 해 달

이성미 박사 스미소니언 특강

'한국의 도예…' 외국인 관객 몰려
12일까지 재미한인작가 초청강연

라는 요청이 들어왔다. 이 단체의 공식 명칭은 AOWCGWA(Army Officers' Wives Club of the Greater Washington Area)라는 상당히 긴 이름이다.

관저 행사는 2003년 11월 25일(화) 10시 30분에 손님들이 도착하여 잠시 인사를 나눈 후 곧바로 나의 강의를 듣고 이어서 점심으로 이어지는 것이었다. 강의 제목은 '한국의 역사와 미술 속의 여성들(Korean Women in History and Art)'로 정하고 컬러 슬라이드를 통하여 우리나라 역사 속 여성들의 지위와 생활 등을 개관하고 여성의 사회활동이 전혀 없었던 시대의 몇몇 남달랐던 여성들의 문학, 미술 작품, 또는 저술 활동 등을 소개한 것이었다. 이 강의 내용은 내가 2002년에 아모레퍼시픽 화장품 회사의 부탁으로 한국의 여성문화를 소개한 *Fragrance, Elegance, and Virtue: Korean Women in Arts and Humanities* 라는 책

의 주요 부분을 보여 준 것이다. 이 회사에서는 자사 제품을 서구에 진출시키며 어느 정도의 한국 전통 여성문화를 소개하기로 작정한 것이다.

장교 부인들은 한국 전통시대의 여인들의 모습이나 문화를 처음 접하고 매우 흥미로워했다. Newsletter 윗부분과 6면의 행사 초대

점심 식사. 붉은색 한복을 입은 문영한 국방무관 공사 부인.

정식 교육의 길이 전혀 없었으나 오빠들의 '어깨 너머'로 또는 아버지의 특별한 사랑으로 글을 배우게 되어 시도 쓰고 책도 남기고 미술 작품도 남긴 여인들에 관한 이야기는 미국 여성들로부터 많은 찬사를 자아내었다. 이어서 관저에서 정성껏 마련한 점심을 먹으며 환담으로 즐거운 시간을 보냈다. 아마도 대사 부인이 직접 문화 행사의 주역으로 출연한 최초의 행사였을 것이다.

국제 이웃클럽 I(International Neighbor's Club I INC-I) 문화 행사

워싱턴의 외교 서클에는 여러 모임이 있다. 나는 당시 캐나다대사 부인 커긴(Margarita Kergin) 여사의 초청으로 INC-I의 회원이 되었다. 이 클럽의 회장은 미 합참의장 부인(Mrs. MaryJo Myers)이었다. 누구의 주도하에 외교단과 워싱턴 상류 사회 저명 인사의 부인들이 어느 모임에 속하게 되는지 나는 알 수 없었다. 그러나 커긴

여사는 나에게 우리 클럽이 제일 좋다고 항상 자부심을 가지고 말하였다. 회원 가운데는 상·하원 의원 부인, 대학 총장 부인, 법조계와 언론계 인사의 부인 등 많은 유명 인사의 부인이 포함되어 있었다. 예를 들면 언론계에서는 ABC 방송 사장 부인, 학계에서는 아메리칸 대학교 총장 부인, 정계에서는 파월(Colin Powel) 국무 장관 부인, 법조계에서는 연방 대법원 차장 부인 등이 우리 클럽 멤버였다.

모임은 한 달에 한 번씩 외교단과 비 외교단 회원이 번갈아 주최하는 형식으로 이루어졌다. 대사 부인들은 관저에서 간단한 자국 문화 소개 행사를 하고 점심을 대접하였고 비 외교단 회원들은 워싱턴의 무수한 박물관, 국립문서보관원(National Archives) 등의 문화 기관들을 특별 관람하고 고급 식당에서 점심을 대접하였다. 전체 회원의 수는 약 60명 정도였으나 행사에 따라 참가 인원은 일정하지 않았다.

우리 관저의 행사는 2004년 5월 13일에 한국의 전통 목가구(Korean Traditional Furniture)에 관한 나의 문화강좌와 점심 식사 대접으로 기획하였다. 내 강의 테마를 한국 목가구로 잡은 이유는 우리 클럽 회원들이나 다른 미국인들이 대개 한국 목가구 하나쯤은 가지고 있는 것을 보았기 때문이었다. 슬라이드를 통해 나는 한국 목가구의 특징, 즉 형태가 매우 단순하면서도 아름답고 현대적이어서 서양의 실내 장식에도 잘 어울리는 점, 그리고 중국의 목가구에 비해 아담한 크기여서 다루기도 편한 점, 표면은 나무의 결을 잘

괴목 문갑. 국립중앙박물관.

살리고 검은 무쇠 장식 또는 백동 장식으로 '멋'을 낸 점 등 한국 목가구의 특징을 설명하였다.

이때 보여 준 목가구 가운데 우리 집에 있던 반닫이를 하나 포함시켰다. 이 반닫이의 문을 열고 안쪽 윗부분을 보면 크고 작은 서랍이 달려 있는데 이 서랍에는 냅킨 등 작은 물건을 넣고, 깊은 부분에는 담요, 테이블보 등 비교적 큰 물건을 잘 개어 넣을 수 있다고 설명하였다. 이 행사 며칠 후 어느 미국 회원이 나에게 전화를 걸어왔다. 자신의 집에 내 것과 비슷한 반닫이를 오랫동안 가지고 있었는데 내 강의 후 문을 열고 들여다보니 과연 그 안에 그렇게나 쓸모 있는 서랍들이 있다는 사실을 알게 되어 무척 기뻤

우리 집 괴목 반닫이. 오른쪽은 뚜껑을 젖혀 윗부분 내부를 보여 주는 사진.

다고 하였다.

즐거운 점심 식사 후에 나는 모든 참석자들에게 미리 준비해 둔 조그만 한국 전통 나전칠기와 아모레퍼시픽 화장품 회사에서 제공해 준 여행용 기초 화장품 세트를 하나씩 선사하였다. 위에서 언급한 나의 한국 여성문화에 관한 영문 책을 이 회사에서 출간한 후 나는 서경배 사장님을 잘 알게 되었고, 내가 이런 행사를 관저에서 할 것이고 참석하는 분들이 어떤 분들이라는 것을 당시 홍보 담당 박수경 이사에게 메일로 알려 주었더니 행사 전에 보통 여행용 세트보다 더 크고 알찬 세트들을 넉넉히 공수해 주었다. 이 제품이 회원들에게 큰 인기였음은 말할 것도 없다. 한국 전통 문화와 한국 현대 화장품을 잘 알린 성공적인 행사였다.

코리아 코커스(Korea Caucus) 미 의회 보좌관들을 위한 만찬과 강좌 2004년 6월 4일

'Korea Caucus'란 미국 상·하원 의원들 가운데 한국에 관심과 호감을 가진 의원들의 모임이다. 많은 지한파(知韓派) 의원들이 여기에 속한다. 우리 관저에서는 이들의 젊은 보좌관들과 대사관의 서기관급 직원들을 위한 만찬과 강좌를 개최하였다. 30분 정도의 칵테일 파티에 이어 나는 '조선시대의 유교 건축, 일반 건축과 관용 건축(Confucian, Secular, and Political Architectures of the Joseon Dynasty(1392~1910))'이라는 강의를 선보였다. 나는 의원 보좌관

들을 위하여는 부인들을 위한 위의 두 행사 때와는 사뭇 다른, 다소 무거운 제목의 강의를 준비하였다. 3, 40분 동안의 짧은 강의였지만 나는 이들에게는 매우 생소한 유교(儒敎)의 기본 이념과 그것이 조선시대를 어떻게 지탱해 나갔는가를 간단히 설명하고 조선시대 건축 유산 가운데 세 가지를 선택하여 슬라이드를 통해 이들이 어떻게 조선시대의 통치 이념과 궁중생활을 반영하는가를 보여 주었다.

첫째로 조선의 역대 국왕과 배우자들의 위패를 모신 종묘(宗廟)를 통해 국왕이 철저한 조상숭배 이념을 실천하여 나라의 일반 백성들도 따르도록 모범을 보였다. 현재 종묘의 정전(正殿)은 세계에서 가장 긴(101미터) 목조건물이며 도심 가운데 수목이 울창한 넓은 지역에 자리한 것도 특기할 만한 사실이다. 종묘의 역사적, 이념적, 그리고 건축적 특징으로 인해 1995년 유네스코에서 세계문화유산

종묘 정전 부감도, 문화재청

(UNESCO World Heritage)으로 지정했음도 상기시켜 주었다.

다음으로는 조선의 5대궁 가운데 국왕들이 가장 오랜 기간 거처로 삼았던 창덕궁과, 비원이라고 알려진 조선 제일의 정원인 그 후원(後苑)을 소개하였다. 특히 한반도 모양의 반도지(半島池)와 그 옆에 세워진 부채 모양 평면의 관람정(觀纜亭)은 일품(逸品)이다.

조선의 정궁(正宮)은 경복궁이었으나 임진왜란 이후 파괴된 채로 방치되어 있다가 1868년에 가서야 복원되었으므로 여러 국왕들이 좀 규모가 작은 창경궁이나 경희궁이 있기는 했지만 창덕궁을 선호하게 된 것이다. 의원 보좌관들이 서울을 방문하게 되면 틀림없이 가 보게 될 것이므로 이 궁을 선택하였다.

끝으로 소개한 건축물은 정조대왕(재위 1777~1800)의 정치적 이념과 효(孝) 사상의 산물인 수원의 화성(華城)이었다. 정치적 이념이란 당시의 실학(實學) 사상을 집약한 실사구시, 이용후생, 경세

창덕궁 비원의 관람정, 필자 촬영

치용 등을 이르며, 효 사상의 표현으로 화성을 수도 다음으로 중요한 행정 단위인 유수부(留守府)로 만들어 그 얼마 전에 근처로 옮긴 자신의 부친 사도세자의 무덤 현륭원을 보호하도록 한 것이다. 화성은 당시 청나라를 다녀온 사신들이 입수한 최신 건축 공법, 그리고 실학자 정약용이 중국의 기계공학책을 참작하여 고안해 낸 건축 기기(器機)를 사용하여 1794년에서 1796년 사이에 완성되었다. 정조는 사도세자와 동갑인 어머니 혜경궁 홍씨가 회갑을 맞게 된 1795년 2월 초에 8일간에 걸쳐 성대한 행렬을 이루며 어머니와 더불어 아버지의 무덤을 참배하였다.

짧은 시간 동안에 이 엄청난 역사 이야기와 유물들을 의원 보좌관들에게 모두 소개하는 것은 불가능한 일이므로 축성(築城)의 모든 과정을 수많은 그림과 더불어 상세히 기록한 〈화성성역의궤(華城城役儀軌), 1801〉와 정조 모자(母子)의 화성 방문 전 과정을 역시 많은 그림과 더불어 기록한 〈원행을묘정리의궤(園幸乙卯整理儀軌), 1797〉의 존재를 소개하였다. 그리고 이들은 우리나라 역사상 최고

화성의 장안문

화성 서북공심돈과 화서문

의 기록문화 유산임을 지적하며 유네스코 기록유산(Memory of the World)에 등재되었음을 알려 주었다. 대학원생들과 비슷한 연령층의 모임이었으므로 이 강의가 무리 없이 진행되었다고 생각한다. 특히 내가 보여 준 대부분의 화성 슬라이드는 한승주 대사가 세 번에 걸쳐 나와 더불어 더운 여름에 화성을 답사하며 찍은 것들이라고 하니 이들은 환호하며 우리 내외에게 많은 박수를 보내 주었다.

한복차림으로 캐나다에서 강의하다

2004년 10월 28일, 나는 주캐나다 한국대사관의 장기호 대사님의 주선으로 캐나다 문명박물관(Canadian Museum of Civilization)의 '여성 역사의 달(Women's History Month)'에 강연자로 초청받게 되었다. 장 대사님은 한승주 대사와는 장관 시절부터 특별히 가까운 사이로, 워싱턴 우리 관저도 한 번 방문하시고 2004년 2월부터 나의 강의를 추진해 오셨다. 장 대사님께서는 그러나 나의 행사가 열린 10월에는 이미 서울로 가신 후였고, 다음 임지인 이라크 대사로 가실 준비로 바쁘게 지내시게 되었다. 후임 임성준 대사님은 내 강의와 같은 날 다른 행사로 오타와에 계실 수 없게 되었으나 나의 방문이 잘 진행될 수 있도록 모든 조치를 취해 주셨다.

그런데 그 박물관에서 나에게 꼭 한복을 입고 강의해 달라고 간곡히 청하므로 번거롭지만 한복을 싸 들고 오타와행 비행기를 탔다. 마침 나에게는 감색 실크에 은박 장식을 한 비교적 '예복'다운

2004년 10월 28일 오
타와 캐나다 문명박물
관 강의 모습

한복이 한 벌 있어서 그 옷을 입기로 하였다.

　여성 역사의 달 행사였으므로 위의 첫 번째 관저 행사에서 했던 한국 여성에 관한 나의 '익숙한' 테마로 재미있게 강의를 꾸밀 수 있었다. 오타와의 한국문화원에서는 이 행사를 위해 한국의 전통 의상을 입힌 마네킹도 행사장에 진열해 놓았다. 청중은 매우 흥미로워하며 강의가 끝난 다음 여러 사람이 나에게 질문을 해 왔다. 행사가 끝난 후 박물관의 강의 기획을 맡았던 조빈 여사(Ms. Jobin)는 나에게 10월 28일 강의가 매우 성공적인 '매진된 행사(a sold out event)'였다고 좋아하였다.

Changing Faces

PHOTOGRAPH BY SARAH MCNICHOL, EMBASSY

Princeton scholar Dr. **Yi Song-mi** prefaced her lecture "Fragrance, Elegance and Virtue" by acknowledging she was uncomfortable in the traditional Korean apparel she was about to describe. She was reluctantly persuaded to put it on by the host Museum of Civilization's program director, but has only donned similar styles for state dinners and official visits with her husband was Korea's Foreign Minister. Currently, the couple lives in Washington, where **Seung-joo Han** has been posted as ambassador to the U.S. and Dr. Song-mi writes and teaches art history with a focus on Korean women in society. In Ottawa, she spoke about gender's changing importance throughout Korean history. "Today I think Korean women enjoy as many rights as their Western counterparts in many areas, like (access to) education," she said. "We do need promotion yet, but it's coming," she said. Above, Director of Korean Culture at the Ottawa Embassy **Soohyun Kim** and Dr. Song-mi on Oct. 28.

2004년 11월 3일~9일 Diplomacy
This Week 기사

미 육군사관학교 대사 내외 강의

우리 내외는 문영한 국방무관 공사님 내외와 더불어 2004년 9월 27일부터 29일 사이에 허드슨강 상류 웨스트포인트(West Point)에 위치한 육군사관학교(US Military Academy)를 방문하였다. 이 학교는 약자로 USMA라고 하지만 지명인 웨스트포인트로 더 친숙하게 불린다. 워싱턴에서 뉴욕의 라과디아 공항까지 비행기로 이동한 후 사관학교 측이 우리를 맞이하기 위해 보낸 커다란 밴을 타고 허드슨강을 따라 아름다운 경치를 감상하며 뉴욕주의 북쪽에 위치한 유서 깊은 웨스트포인트로 향하였다. 약 1시간 20분 정도의 기분 좋은 드라이브였다. 저녁 늦게 도착하여 캠퍼스 내에 있는 테이어 호텔(Thayer Hotel)에 여장을 풀고 다음 날을 준비하였다.

28일에는 아침부터 사관학교 교장 레녹스 중장(Lieutenant General William James Lennox Jr.) 내외와 인사를 나누었다. 이 자리에서 레녹스 교장은 한 대사에게 검은색의 높직한 육군 예식모(ceremonial hat)를 증정하였다. 레녹스 중장은 한국에서 한미연합

웨스트포인트 레녹스 교장이 한승주 대사에게 육군 예식모를 증정하는 모습

사와 유엔군사령부 작전참모부장을 역임한 경력이 있어 한국과 친숙한 분이라 더욱더 반가웠다.

이어서 학교의 주요 시설을 돌아볼 기회를 가졌다. 1802년에 지어진 이 학교는 회색 석조건물이어서(Norman Style) 나는 비슷한 분위기인 프린스턴대학 캠퍼스를 연상하며 모종의 향수를 느꼈다. 한국의 고연전(高延戰)과 같이 해마다 가을이면 웨스트포인트와 해군사관학교는 미식축구로 겨루는데 교정 곳곳에는 'SINK NAVY'(해군을 침몰시켜라)라고 대서특필한 플래카드가 걸려 있었다. 점심 식사는 웨스트포인트 클럽의 그레이 룸(Gray Room)에서 학교 측 인사들과 한국계 생도들과 같이 하였다. 이때 생도 수가 4,000명이었는데 그 가운데 약 200여 명이 한국계 생도라고 하였다.

점심 식사 후 우리 내외는 각각 다른 방으로 이동하여 한 대사는 '전환기의 동맹 : 21세기의 한미 관계(Alliance in Transition : Korea and U. S. in the Twenty-first Century)'라는 제목으로, 나는 '명작으

웨스트포인트의 안개 긴 교정

로 조명해 본 한국미술의 정수(Korean Art: Essence and Highlights)'라는 제목으로 원탁 토론회의 형식으로 생도들의 참여를 유도하는 방식의 강의를 해 주었다.

내 강의는 우선 유교, 불교, 기독교 등의 지성사적(知性史的) 배경을 간단히 설명하는 것으로 시작하였다. 이어서 우리나라 미술에 영향을 미친 중국미술, 중국을 통해 들어온 서양 미술, 그리고 20세기 이후 서양과의 직접적인 교류 등 다양한 요소들을 설명하였다. 그리고 한국적인 특징이 뚜렷한 건축, 회화, 불교 조각과 미술 등을 슬라이드를 통해 보여 주었다. 끝으로 한국 현대 화가들 가운데 의식적으로 외래 영향에서 벗어나 한국 전통적 요소를 살리려 노력하는 사람들의 작품도 보여 주었다. 이날 강의에는 교장 르녹스 장군의 부인과 다른 군인들의 부인들도 참석하였다. 길지 않은 시간이었으나 한국미술사를 접할 수 있는 기회가 전혀 없었던 이들에게 내 강의는 일종의 'eye-opener(눈을 뜨게 하는 것)'가 되었다는 평을 들었다.

강의 후 우리는 학교의 간부후보생 식당을 구경하였다.

벽화로 화려하게 장식된 어마어마하게 큰 식당에는 모든 생도들

웨스트포인트 간부후보생 식당의 벽화

미 육군사관학교 간부후
보생 식당에서

미 육군사관학교 교장 관
저에서

이 앉을 수 있는 수많은 식탁에 흰 식탁보가 깔려 있었다. 장교가
될 생도들에게 이처럼 많은 비용을 감수하며 처음부터 정식 식사
환경과 예법을 생활화하도록 가르치는 것이라고 생각하니 미국의
국력, 그에 따르는 생활 방식 등이 새삼스럽게 부럽기도 하였다.

저녁 식사는 캠퍼스에서 가까운 좋은 환경에 드문드문 지어진
'관사' 가운데 하나인 레녹스 장군 댁에서 우리 일행과 군 관계자들
모두 부부 동반으로 정성이 가득한 음식을 먹으며 화기애애한 분
위기 속에 진행되었다. 관사들은 한번 살아보고 싶다는 생각이 들

190

정도로 환경도 좋고 살기
편리해 보였다. 그날 우리
내외 강의가 반응이 좋았
던지 레녹스 교장은 우리
내외에게 대사 임기를 마
치게 되면 웨스트포인트에
와서 몇 년 가르쳐 달라고
부탁하였다.

웨스트포인트 박물관 앞의 우리 일행

　다음 날 아침 우리 일행
은 비 내리는 캠퍼스를 뒤
로 하고 다시 밴을 타고 라
과디아 비행장으로 향하였
다. 이름만 듣던 웨스트포인트 방문은 내가 그곳 생도들에게 한국
문화를 전달해 준 것 이상으로 나에게는 귀한 미국 문화의 체험이
었다.

　아메리칸대학의 아시아학 센터(Center for Asian Studies of
　American University)

　우리 관저의 담 너머에 위치한 이 대학의 아시아학 센터에서는
한 대사와 친분이 있었던 자오취안성(趙全勝) 교수 겸 센터장이 나
에게 강의를 요청했다. 2004년 11월 10일 나는 '유교와 한국미술

아메리칸대학에서 강의하는 필자

(Confucianism and the Korean Arts)'이라는 제목으로 아시아 문화 전공 학생들에게 강의해 주었다. 이들은 이 대학에 동양미술사 강좌가 개설되지 않아 미술은 잘 모르지만 한자(漢字)는 어느 정도 알고 있어서 이때 나는 칠판에 한자를 써 가며 유교와 한국미술의 관계를 설명하였다.

이 주제로라면 무궁무진하게 많은 건축과 회화 작품들을 예로 들 수 있으므로 나에게는 매우 편안한 테마였다. 먼저 종묘의 아름다운 건축과 서원(書院) 가운데 내가 제일 좋아하는 안동의 병산서원의 이모저모를 내가 직접 촬영한 슬라이드로 보여 주었다. 특히 이 서원의 만대루(晚對樓)는 넓은 마루에 시야가 탁 트인 곳이라 앉아서 대화를 나누기에 적합한 장소이다.

회화작품 가운데는 유교의 조상숭배 이념과 밀접한 관계를 가진

병산서원 만대루   병산서원 만대루 내부

초상화들을 보여 주었다. 한중일(韓中日) 동양 삼국 가운데 우리나라만큼 초상화가 발달하고 수작(秀作)이 많이 남아 있는 나라가 없으므로 어진(御眞)뿐만 아니라 여러 문중(門中)의 조상 초상화들도 보여 주었다. 이 가운데 빼놓을 수 없는 것은 나의 7대조 할아버지 한산(韓山) 이씨 수남(水南) 이이장(李彛章 1708~1764)의 초상화이다. 영조(英祖) 때 도승지를 지

내신 할아버지께서는 영조가 사도세자를 죽이라는 명령을 내렸을 때 영조에게 바른말을 했던 유일한 고관(高官)이었는데 이 사실이 영조실록에 기록된 것을 보고 정조(正祖)는 충정공(忠正公)이라는 시호를 내리고 이조판서를 추증(追贈)하였다. 내가 어릴 때 집에서

American University's Newspaper

American
W E E K L Y

16 NOVEMBER 2004   www.american.edu/weekly   VOLUME 8, NUMBER 12

Jeff Watts

Korean art historian speaks

In the Washington diplomatic community, Yi Song-Mi is known as the wife of Korean ambassador Han Sung-Joo. But in Korea, she is a professor of art history at the Academy of Korean Studies and dean of its graduate school. A graduate of Berkeley and Princeton, the art history professor gave a talk last week titled "Confucianism and the Korean Arts" at AU's Center for Asia Studies.

2004년 11월 16일 아메리칸대학 강연 보도 기사

는 아버지께서 초가을이면 이 초상화를 한 번씩 포쇄(曝曬:바람을 쏘여 습기를 제거함) 하시느라 대청에 걸어 놓으시고 술과 과일 상을 차려 놓고 우리들에게 할아버지께 절을 올리도록 하셨다.

이 이야기는 미국 학생들에게는 신기하기 짝이 없는 것이었다.(이 초상화는 현재 국립중앙박물관에서 위탁 관리하고 있다.)

그 밖에도 민화로 분류되는 문자도(文字圖)의 재미있는 형태와 유교 이야기를 들려주었다. 유교의 세계를 그림을 통하여 다양하게, 그리고 우리 집안 조상님 자랑도 곁들인 강의였다. 이 학교의 주간 신문에 내가 칠판에 한자를 써가며 설명하는 사진과 더불어 강의 기사가 상세히 실렸다.

앞에서 이야기한 바와 같이 나는 워싱턴뿐만 아니라 미국 내 다른 도시들의 대학과 미술관에서 여러 차례 강의를 했다. 아래에 그 가운데 몇 가지를 간단하게 소개한다.

〈곽분양행락도〉에 관한 두 번의 강의

미국 박물관들은 나에게 강의를 의뢰하면서 그 박물관에 중요하다고 생각되는 한국 그림이 어떤 것들이 있는지를 나에게 미리 알려 주며 그 작품을 중심으로 한 강의를 부탁하였다. 〈곽분양행락도(郭汾陽行樂圖)〉라는 그림을 미국인들은 'Happy Life of Guo Ziyi'라고 부르는데 의외로 이 그림 병풍이 미국 미술 박물관에 여러 점이 있다는 사실을 알게 되었다. 첫 번째는 2004년 11월 18일 미니애폴리스 미술관에서, 두 번째 강의는 2005년 1월 27일 펜실베이니아 대학의 동아시아학 센터(Center for East Asian Studies)에서였다. 필라델피아 미술관에도 이 그림이 있기 때문에 나에게 강의 의뢰가 온 것이다.

미니애폴리스가 위치한 미네소타주는 '일천 개 호수의 주(The State of One Thousand Lakes)'라는 별칭이 있을 만큼 호수와 숲이

많은 미국 중북부의 아름다운 곳이다. 이 주의 행정, 교육 그리고
문화의 중심은 'The Twin Cities(쌍둥이 도시)'로 불리는 수도 세인
트 폴(Saint Paul)과 인접한 미니애폴리스이다. 이 미술관의 한국 및
일본 미술 담당 큐레이터 웰치 박사(Dr. Matthew Welch)는 뉴욕의
어느 행사에서 만나 서로 잘 아는 사이였다. 내가 미네소타대학의
11월 15일 행사에 참석한다는 소식을 듣고 그는 나에게 이 미술관
소장의 〈곽분양행락도〉 슬라이드 여러 장을 보내주며 이 그림에
대해 강의해 줄 것을 부탁하였다.

내가 〈곽분양행락도〉에 처음으로 흥미를 갖게 된 것은 〈가례도
감의궤(嘉禮都監儀軌)〉의 연구를 통해서였다. 나는 조선시대 궁중의
혼례에 사용된 병풍들을 조사하는 과정에서 조선 초기나 중기에는
모습을 보이지 않았던 이 병풍이 갑자기 19세기 초기에 등장하여
20세기 초기까지 모든 가례에 사용된 것을 발견하였다.

전김득신(傳金得臣), 〈곽분양행락도〉, 국립중앙박물관 소장

그림의 주인공 곽분양은 중국 당나라 때의 곽자의(郭子儀 697~781)라는 인물로 안록산의 난을 평정한 공으로 분양왕(汾陽王)이라는 지위를 부여받았다. 여덟 명의 아들과 일곱 명의 사위가 모두 출세하고 수많은 손자, 증손자를 거느리고 오래도록 행복한 삶을 누린 그는 출세와 다복다남(多福多男)의 상징이 되었다. 조선시대 궁중 혼례 장소에 펼쳐 놓을 충분한 이유가 되는 테마이다.

미니애폴리스 미술관 소장 그림은 10첩(貼) 대병풍(大屛風)으로 상태도 매우 좋고 조선시대 〈곽분양행락도〉의 모든 구성요소를 잘 갖추고 있다. 분양왕의 저택을 이루는 아름다운 전각들이 나무 사이사이로 보이며 왼편에는 폭포까지 포함된 청록산수(靑綠山水)의 일부가 저택의 담 안으로까지 뻗쳐 있다. 주인공 곽분양은 가운데 전각에 아들, 사위, 손자, 증손자, 며느리 등 많은 가족과 보좌관들 사이에 앉아 마당에서 펼쳐지는 무희의 춤을 감상하고 있다.

이 병풍의 세부를 미술관 측이 미리 보내 준 많은 슬라이드와 더불어 보여 주며 이 그림이 조선 후기에 나타나게 된 문화사적 배경, 그리고 국내에 있는 구성요소가 조금씩 다른 같은 테마의 병풍들과 비교하여 설명해 주었다. 큐레이터 웰치 박사와 이 강의에 참석했던 미네소타대학의 김태환 박사님도 매우 흥미 있게 강의를 들었다고 하였다. 김 박사님은 이 그림이 한국 그림이라는 사실을 전혀 모르셨고, 그 지역의 많은 한국 분들도 모르실 것이라며 매우 신기해하셨다.

의궤에 관한 다섯 차례의 강의

1990년대 초부터 나는 조선시대 각종 궁중 행사의 기록인 의궤를 집중적으로 연구하기 시작하였다. 이 의궤 전적(典籍) 가운데 1866년 병인양요 때 파리로 약탈당해 간 어람용(御覽用), 즉 국왕을 위해 만든 본(本)들은 종이, 장정(裝幀), 글씨, 그림 등 모든 면에서 사고(史庫)에 비치되었던 것들과는 질적으로 큰 차이를 보였다. 이들은 약탈 당시 강화도에 있던 외규장각에 보관되어 있었으므로 '외규장각 의궤'로 알려지게 되었다. 우리 정부에서는 1990년대 후반부터 프랑스 정부와 반환 협상을 시작하여 외규장각 의궤는 드디어 2011년 5월에 5년마다 계약을 갱신하는 조건으로 프랑스가 한국에 대여하여 현재는 국립중앙박물관에 보관되어 있다.

물론 서울대학교 규장각이나 한국학중앙연구원의 장서각(藏書閣)에도 많은 의궤들이 보관되어 있으므로 2011년 전에도 의미 있고 깊이 있는 의궤 연구가 가능하였다. 나는 이들 의궤의 내용이 조선시대 문화사, 특히 나의 전공인 미술사를 좀 더 정확하게, 그리고 깊이 있게 연구하는 데 어떤 도

『경모궁의궤』 1777-1800, 어람용

『경모궁의궤』 1777-1800, 장서각 분상용 (춘추관 본)

움이 될까 하는 관점에서 연구하기 시작하여 1994년과 1998년 두 차례에 걸쳐 다른 분야의 두 분 교수님들과 공저(共著)로 가례(嘉禮)와 어진(御眞)에 관련된 의궤 연구 결과를 출간한 바 있다. 한국을 떠나기 바로 전에는 궁중의 크고 작은 잔치의 전말(顚末)을 기록한 진찬(進饌), 진연(進宴), 또는 수작(受爵) 의궤에 관한 연구를 진행하고 있었다.

내가 의궤 관련 강의를 처음 한 곳은 하와이대학이었다. 그런데 이 강의는 말하자면 어부지리 격으로 성사된 것이었다. 2003년 11월에 내가 하와이를 방문하게 된 것은 호놀룰루 미술관(Honolulu Academy of Arts)의 아시아 미술 담당 큐레이터 화이트(Julia White) 박사가 그 몇 달 전부터 들인 정성으로 이루어진 것이었다. 마침 2003년은 한국인의 미국 이민 100주년이 되는 해여서 다양한 기

『경모궁의궤』 어람용

『가례도감의궤』 1696, 사고 분 상용

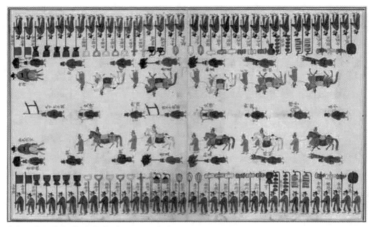

〈영조정순왕후가례반차도〉, 1759 어람용

넘행사가 열렸으며 나는 이 박물관에서 허동화 소장 한국의 보자
기 특별전을 하는 것과 연계하여 11월 12일에 한국의 여성문화에
관한 강의를 하게 되었다.

　다음 날인 11월 13일에는 하와이대학 캠퍼스에서 아시아 역사
와 문화 전공 대학원생들과 교수들을 위한 의궤 관련 강의를 하게
되었다. 남편의 주미대사 발령 이전부터 나는 하와이 대학의 손호
민, 네드 슐츠(Ned Schultz) 두 교수님과 교류가 많았고 한국문화사
에 관한 영문 책을 여러 교수님들과 공저로 출간한 바 있다. 나의
미술관 강연 소식을 들은 이 교수님들이 나에게 의궤에 관한 강연
을 부탁한 것이었다.

　LACMA(Los Angeles County Museum of Art)에서는 나의 프린스

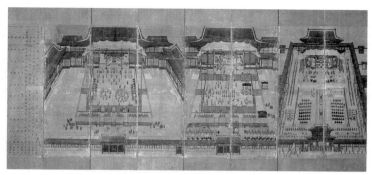

〈무진진찬도병〉 1868, LACMA 소장

턴 동창인 동양미술 담당 큐레이터 윌슨(Keith Wilson) 박사의 초청
으로 이 미술관에 소장되어 있는 대왕대비 신정왕후(神貞王后, 헌종
의 어머니)의 무진년(戊辰年), 즉 1868년에 열린 회갑연 장면을 묘사
한 〈무진진찬도병(戊辰進饌圖屛)〉에 관한 강의를 하게 되었다. 이 병
풍은 궁중 잔치를 묘사한 최초의 대형 병풍이며, 임진왜란으로 파
괴된 후 대원군에 의해 1867년 재건된 경복궁에서 열린 최초의 궁
중 잔치 행사를 묘사한 것이다.

　모두 8첩(貼)으로 된 병풍의 제1, 2첩에는 근정전진하도(勤政殿
進賀圖), 즉 근정전에서 신하들이 고종(高宗)에게 진하(進賀)하는 장
면을, 제3, 4첩에는 경복궁의 내전(內殿)인 강녕전(康寧殿)에서 열린
내진찬(內進饌), 즉 궁중의 여인들만을 위한 잔치, 그리고 제5, 6, 7
첩을 모두 차지한 익일회작도(翌日會酌圖), 즉 다음 날 열리는 신정
왕후에게 술잔을 올리는 잔치의 장면이 여러 가지 공연 장면과 함

께 성대하게 묘사되어 있다. 마지막 첩은 이 행사를 위해 봉사한 도감(都監) 관계자들의 명단인 좌목(座目)으로 채워져 있다.

이 주제는 내가 미국에 오기 바로 전까지 2년 동안 참여하였던 공동 연구 주제의 일부였으므로 이 병풍의 제작 배경, 행사의 내용 등을 쉽게 소개할 수 있었다. 병풍 그림의 세부를 보여 주며 이 병풍이 『무진진찬의궤(戊辰進饌儀軌)』 책에 실린 많은 도설(圖說)들과의 유사점과 차이점도 지적하며 우리나라 기록문화의 특수성을 지적하였다. 재미있는 것은 조선시대에 거행된 대규모 궁중 잔치는 거의 모두 대왕대비, 왕대비 등 궁중 여인들을 위한 행사였다는 사실이다. 국왕 자신들은 세자가 간곡히 청해도 큰 잔치는 끝까지 사양하였다. 유교적 군주의 검약(儉約) 정신을 보여 준다.

이 강의를 포함해서 나는 이때 로스앤젤레스에서 세 차례의 문화강좌 '재능 기부'를 해 주었다. UCLA에서는 대학원생들에게 조선시대의 미술 후원자들에 관한 이야기, 그리고 남가주대학교(USC, University of Southern California)에서는 '조선시대의 장식 그림(Decorative Paintings of the Choson Dynasty)'이라는 주제로 한국 미술 강의를 하게 된 것이다.

2004년 11월 17일 이 대학의 한국학 프로그램 담당인 커밍스(Meredith Woo Cummings) 교수와 대학 박물관의 한국

USC 강의 공고

202

미술 담당 큐레이터 그레이빌(Maribeth Graybill) 박사의 초청으로 방문하여 또 한 차례 의궤 관련 강의를 하게 되었다. 제목은 '조선 시대 궁중 잔치와 미술(Royal Banquets and the Arts of the Choson Palace)'이었으며 나의 진찬(進饌), 진연(進宴) 의궤 연구를 통하여 우리가 좀 더 심도 있게 알게 된 궁중 미술에 관한 이야기를 슬라이드와 더불어 들려주었다. 제법 많은 학생과 교수가 참석한 가운데 활기찬 질의응답 시간도 갖게 되었다.

강의에 앞서 오후에는 이 대학의 콜만(Mary Sue Coleman) 총장님을 예방하였는데 내 연구 프로젝트에 관한 이야기를 열심히 들

〈정해진찬도병〉1887, 제3,4면의 윗부분(십장생 병풍을 배경으로 자리한 조대비의 어좌(御座). 국립중앙박물관

으며 내 강의에 오고 싶다고
했으나 실제로 참석하지는
못했다. 특강을 하러 가서 그
대학의 총장을 예방하는 것
은 흔한 일은 아니지만, 이때
이 대학 박물관이 한국미술
실을 확장하는 데 필요한 재

미시간 주립대학교 콜만 총장의 감사 편지

원(財源)을 한국국제교류재단에 신청하고 있었고 내가 그 일을 도
와주고 있었기 때문인 것 같았다. 체구가 조그마한 이 총장님은 그
후 나에게 자기 대학을 방문해 주고 좋은 강의도 해 주어 감사하다
는 짤막한 친필 편지를 보내주어 무척 감동하였다.

이렇게 미국의 많은 대학이나 미술관에서 한국미술사에 관한 강
의를 하면서 나는 미국 내에 한국미술의 이해를 넓히는 일이 매우
시급함을 느꼈다. 국제교류재단의 그동안의 꾸준한 노력에도 불구
하고 수준 높은 우리 문화 홍보를 위해서 아직도 한없이 많은 일들
이 남아 있다.

2005년 1월 18일 미국에서의 나의 마지막 의궤 관련 강의는 우
리 대사관 모든 직원들을 위한 점심 시간 강의, 즉 '재생 종이봉투
에 각자가 먹을 샌드위치를 가지고 와서 먹으면서 강의를 듣는 형
식(brown bag luncheon lecture)'으로 진행되었다. 처음에는 한국어
로 시작하였는데 살펴보니 미국인 직원들도 적지 않게 눈에 띠어

나는 곧 영어와 한국어를 섞어가며 설명하였다. 모두들 전문 지성인들이지만 '의궤'라는 것은 대부분의 청중들에게 매우 생소한 단어였다. 강의가 끝나고 나가면서 어느 직원이 "의궤가 옷 궤짝은 아니구나" 하던 말이 이때의 상황을 단적으로 말해 준다.

나는 의궤에 관해서는 되도록이면 간단하게 외교관인 이들이 필요한 만큼의 정보를 주었고, 그 대신 프랑스와 우리 정부 간의 외교 현안 가운데 하나였던 '외규장각 의궤 반환 협상'에 관해 이들이 알고 있어야 할 점들을 이야기해 주었다. 서울대학교 규장각의 이태진 교수가 1993년 외무부를 통해 프랑스 정부에 공식 반환 요청을 한 후 1998년 한국정신문화연구원에서 일차 회의가 열렸다. 한국 측 대표는 한상진 당시 원장, 프랑스 측 대표는 자크 살루아(Jacque Sallois) 감사원 최고위원이었다. 사회학자 출신인 한상진 원장은 의궤에 관해 아는 것이 거의 없는 상태였으므로 나는 한 원장에게 내가 그동안 출간했던 의궤 관련 영문 논문들을 전달하였다. 그래도

2011년 6월 11일 경복궁 근정전 앞마당에서 개최된 외규장각 의궤 반환 기념행사에서. 이명박 대통령 왼쪽이 박병선 박사, 그 다음이 필자.

이 첫 번째 회담을 위해서는 한 원장은 나에게 많은 것을 의존하였다. 2003년 가을 한국을 떠나 미국에 오기 직전까지 나는 이 협상의 자문위원으로 모든 회의에 참석하였기 때문에 여러 단계를 거치며 내려진 우리 정부의 결정 사항이나 2차대전 이후 생긴 전시(戰時) 약탈 문화재 반환에 관한 국제협약 등에 관해 비교적 상세한 정보를 알려 줄 수 있었다.

1970년에는 UNESCO에서 발의한 〈문화재의 불법 반출 및 소유권 양도의 금지와 예방수단〉에 관한 협약이 생겼고, 1978년에는 〈문화재 원산국으로의 반환 결정〉이 국제박물관협회(ICOM, International Council of Museums) 발의로 이루어졌으며, 1995년에는 도난 또는 불법적으로 반출된 문화재 반환에 관한 국제사법통일기구(UNIDROIT, International Institute for the Unification of Private Law/Institut International pour L'Unification du Droit Privé)의 협약이 맺어졌다.

그러나 위의 협약들은 그 체결 이전에 '반출'되었던 문화재 반환 상황에 소급해서 적용할 수 없는 한계가 있다. 외규장각 의궤들은 프랑스 해군이 1866년 약탈해 간 직후 모두 국고(國庫)에 귀속시켜 그 나라의 국유재산이 되어 있는 상태였으므로 결국 양국 정부는 오랜 협상 끝에 5년마다 갱신하는 영구(永久) 대여의 형식으로 2011년 5월에 한국에 오게 된 것이다. 프랑스 학자들이 의궤를 연구할 일이 앞으로는 있을 수도 있겠으나 적어도 그때까지는 외규장각 의궤가 우리나라에 돌아와 더 많은 학자들의 연구 대상이 되어야 한다는 것은 명백한 사실이었다.

교포사회를 위한 문화강좌

당시 미국 전역에는 약 250만 명의 미국 시민권 소유자 또는 영주권 소유자인 '한국인'들이 살고 있다. 이들도 모국의 뿌리에 상당히 많은 애착을 가지고 열심히 한국적인 것을 주변 사람들에게 일깨워 주는 역할을 열심히 하고 있다. 워싱턴 근교의 한인들은 자녀들이 모국을 잊지 않게 하려고 많은 노력을 기울이고 있다. 교회에서 운영하는 토요 한글학교가 그 좋은 예이다.

워싱턴 근교의 버지니아 통합 한인학교에서는 한국인 2세, 3세들에게 한국어와 한국역사, 문화강좌를 개최하고 있다. 내가 워싱턴에 도착한 지 얼마 되지 않아 '자랑스러운 한국의 문화유산'이라는 제목으로 고등학생들에게 강연을 한 번 해 주었다. 물론 영어로.

워싱턴 한인학교
강좌

이들이 앞으로 한국을 방문하게 되면 꼭 보게 될 문화유산들을 슬라이드로 보여 주며 소개하여 주었다. 이미 부모를 따라 한국에 다녀온 학생들도 있었지만 대부분은 한국문화유산, 그것도 UNESCO 세계문화유산으로 등재된 석굴암, 불국사, 창덕궁, 수원 화성(華城) 등 유산들을 생생한 이미지와 설명을 듣는 것은 처음인지라 매우 신기해하였다. 학부모들도 많이 참석하여 성황을 이루었다. 지금 생각하면 한 번쯤 더 해 줄 것을 하는 아쉬움이 남는다.

그 얼마 후 나는 버지니아주의 고등학생들을 관저로 초청하여 소규모 문화행사를 해 주었다. 고등학생들이 의외로 한국의 역사와 문화에 대해 잘 알지 못하여 나는 관저 곳곳을 장식하고 있는 신라 금관, 백제 용봉향로(龍鳳香爐), 기타 민속품, 전통 목가구 등을 보면서 질문을 유도하고 그때마다 상세한 대답을 해 주었다. 그러나 많은 학생들이 현대정치 문제에 훨씬 더 많은 관심을 보여 그들에게 여러 가지 현안들을 역사적 배경과 더불어 일종의 브리핑을 해 주는 결과가 되어버렸다. 나의 처음 의도와는 달랐으나 젊은이들의 관심사를 들어 볼 기회라고 생각하였고, 또한 그들이 전혀 알지 못하는 한국 근·현대사를 배경으로 현재의 문제들을 풀어나가는 것도 의의 있는 일이라고 생각하였다.

이처럼 나는 한승주 대사 재임 기간에 관저의 만찬에서나 대사의 순방 외교를 동행하였을 때나 항상 한국문화를 미국 사회에 알리는 일을 열심히 하였다. 이런 나의 '한국문화 전도사' 모습을 보신 어느 전직 대사님께서 한국 정부가 한승주 대사를 임명한 것은 완전히 'two for the price of one(한 사람 봉급으로 두 사람을 활용한 것)'이라고 진심으로 좋아하셨다. 나에게도 이 말씀이 매우 기분 좋게 들렸다.

My Stroll Along Diplomacy Avenue

III

외교가(外交街)에서 만난
사람들

나에게 누가 남편의 장관 시절이나 주
미대사 시절에 가장 좋았던 일이 무엇이냐고 묻는다면 나는 아마
도 그 기간 동안에 많은 국제적 저명 인사들을 만나서 대화를 나눌
수 있었다는 점을 들 것이다. 클린턴 미 대통령의 부인 힐러리 클린
턴을 만나 대화를 나누며 경복궁을 산책하고 민속박물관을 안내했
던 경험은 앞에서 다룬 바 있다.

중국의 첸치천 외교부 장관 내외

남편이 당시 북핵 문제 해결을 위하여 중국의 첸치천(錢其琛) 외
교부 장관을 여러 차례 만나야 했으며 장관 공관 만찬에도 초청하
여 나는 그의 옆에 앉아 대화할 기회도 갖게 되었다. 나는 박사과정

1993년 5월 20일 한중 외교부 장관 회담 및 첸치천 외교부 장관을 위한 만찬

에서 중국미술사를 공부하는 동안 고전 한문과 현대 한문을 좀 배웠지만 내 중국어 실력은 고급 대화를 할 수 있는 수준이 아니므로 첸 장관과는 간단한 인사말 정도를 '예의상' 중국어로 나눈 후 곧바로 영어를 사용하였다. 그는 내가 중국 문화를 공부했다는 사실을 매우 반기며 한국에 올 때마다 중국미술이나 한시(漢詩)에 관한 서적을 선물해 주었다.

한번은 첸치천 외교부 장관이 부인과 같이 방한하였다. 그 부인 역시 중국 외교부의 외교관이었고 남편이 장관이라도 외교부 내의 자신의 자리를 지키고 있었다. 나는 장관 부인이 동행한다는 소식을 외무부로부터 전해 듣고 부인의 박물관 관람을 안내할 준비에 들어갔다. 중국미술에도 많이 있는 회화(繪畵)나 도자기들이 많은 국립박물관보다 좀 특수한 한국적 예술품을 찾을 수 있는 민속박물관을 선택하였다. 그리고 이때 특별히 소개하고 싶은 작품 설명에 필요한 단어들의 보통화(普通話 - 현재 통용되는 중국 표준어) 발음을 당시 대학원생이었던 손지봉의 도움을 받아 정확하게 익히기로 하였다.

첸치천 장관 부인과 함께

현재 이화여자대학교 통역번역대학원 중국어 통역학과에 재직 중인 손지봉 교수는 1993년에는 내가 근무하던 한국정신문화연구원 한국학대학원 학생이었다. 그는 중국의 조선족 출신으로 중국어와 한국어를 모두 잘하는 '보배로운' 학

감모여재도(感慕如在圖), 피바디 에섹스 박물관 소장

생이었다. 나는 그에게 내 중국어 회화 능력을 향상할 필요가 절실하므로 아르바이트 삼아 서로 맞는 시간에 내 연구실로 찾아와 한 가지 테마를 정해 놓고 대화하는 시간을 갖기로 하였다. 첸 장관 부인을 안내하는 데 필요한 단어들이 이렇게 하여 정확한 발음으로 표현될 수 있었다. 한두 가지 예를 들면 중국 청자에는 없는 상감(象嵌) 기법, 그리고 역상감(逆象嵌) 시문(施紋) 방법이라든지 우리

민화의 독특한 소재인 '감모여재도(感慕如在圖)' 등이 있다. 후자는 사당(祠堂) 앞에 촛불, 화병, 과일 등을 차려 놓은 재미있는 그림이며 양반 집안에나 있는 가족 사당을 갖추어 놓을 수 없는 소시민들이 그림으로나마 자신들의 '사당' 앞에서 제(祭)를 올릴 때 사용하던 것이다. 부인은 물론 내 중국어가 유창하지 않은 것은 알지만 핵심 내용을 다 이해하고 고마워하였다.

켄 에드워즈 캐나다대사 부인

1993년에서 1994년 사이에 주한 외교사절 부인들 가운데 특히 문화에 많은 관심을 갖고 있었던 사람은 당시 캐나다의 에드워즈 대사 부인(Mrs. Leonard Edwards)이었다. 그와 나는 1993년 2월 이전부터 여러 모임에서 만나 서로 가까운 사이였다. 크레티앙(Jean Joseph Jacques Chrétien) 캐나다 총리 내외가 한국을 방문하게 되자 그는 미리 나에게 조심스럽게 박물관 안내를 부탁하였다. 원래 의전상 수상 부인의 안내는 당시 주캐나다대사의 부인이 귀국하여 맡는 것이므로 그의 부탁은 예외적인 것이었다. 그러나 나는 당시 국립중앙박물관의 외빈 안내를 담당하는 직원들에게만 맡기는 것도 불안하여 흔쾌히 허락하여 주었다.

대사 부인과 나는 총리 부인과 우리 영부인 환담 시간에 같이 배석하게 되었는데 이때 영부인께서 준비해 오신 말씀자료(주로 상대국 영부인의 신상이나 캐나다에 관한 상식 차원의 이야기)를 들려주시느라

총리 부인과 실질적인 '대화'는 거의 형성되지 않자 대사 부인이 조금 '용감하게' 화제를 돌리자고 제의하여 겨우 숨통이 틔었다. 그때 영부인의 뒤에는 크고 화려한 십장생 병풍이 드리워져 있었으므로 그녀는 나에게 대답을 듣고 싶어하며 병풍에 관한 질문을 시작하였다. 영부인께서는 통역을 들으시자 뒤를 돌아보시며 "여기 뭐 이렇게 짐승들이 모두 있네요." 하시며 여전히 다른 배석자들에게 기회를 주시지 않자 그녀는 다시 한번 '용감하게' 나에게 답해 줄 것을 직접 요구하여 그나마 크레티앙 총리 부인이 청와대 영부인 접견실의 중요한 실내장식에 관한 이야기를 듣게 되었다.

그 후 에드워즈 대사 내외가 한국을 떠날 때 우리 내외는 하얏트 호텔에서 조촐한 송별 만찬을 준비하였다. 통상적으로 장관이 이임하는 대사에게 송별만찬을 해주는 것은 아니지만 우리는 에드워즈 대사와 특별히 가깝게 지냈으므로 전별연(餞別宴)을 준비했다. 공교롭게도 그날이 바로 1994년 10월 21일, 즉 오래도록 끌어오던 미-북 간의 제네바 합의가 타결된 날이었다. 남편은 여러 달 동안 유럽으로, 미국으로 출장을 다니며 이 합의를 이끌어 내는 데 큰 역할을 하였다. 그러나 한국이 빠진 합의라는 점을 가지고 기자들은 온종일 남편을 '공격'하여 결국 그는 백지장처럼 하얗게 된 얼굴로 한 시간 이상 늦게 만찬장에 나타났다. 다행히도 에드워즈 대사 내외분과 다른 참석자들은 남편의 '우군'이어서 그는 편안한 마음으로 만찬을 마칠 수 있었다.

대사 내외는 우리에게 캐나다의 프린트 예술가 Don Yeomans의 작품 한 점을 선사하였다. 종이의 뒤에 양각 문양을 놓고 종이 위로 문양이 튀어나오게 하는 '그라비어 엠보싱(gravure embossing)' 기법의 아름다운 작품이다.

돈 예만스의 작품 「까마귀 지느러미를 한 범고래」

디터 지메스 독일대사 내외

당시 지메스(Dieter Siemes) 독일대사와 한 장관 사이에는 재미있는 일이 있었다. 독일의 콜(Helmut Kohl) 총리가 3월 1~3일 한국을 방문하게 되어 있었는데 2월이 많이 지난 시점에도 누가 김영삼 정부의 외무 장관이 될 것인지 전혀 감을 잡을 수 없게 되자 지메스 대사는 한승주 교수를 찾아왔다. 그는 자신의 답답한 심정을 털어놓고 콜 총리가 방한했을 때 한·독 간에 어떤 주요 이슈를 다룰 것인지 남편에게 문의했다. 남편은 이미 1월 중순에 김영삼 당선자로부터 외무 장관 제의를 받고 얼떨결에 수락한 상태였으나 전혀 아무런 내색을 하지 않은 채 지메스 대사와 이야기를 잘 하였다고 한다.

이런 특별한 사연으로 우리 내외는 지메스 대사 내외와 가깝게 지냈다. 대사는 한 장관을 볼 때 늘 회심의 미소를 띠고 있었다. 부인도 한국문화에 많은 관심을 갖고 나와 대화를 즐겼다. 12월 초가 되자 정가(政街)에서는 개각 이야기가 솔솔 일기 시작하였다. 이런 와중에 어느 날 지메스 대사 부인이 공관으로 나를 방문하였다. 나는 평소 친하게 지낸 부인이었으므로 그녀를 주거동(住居棟) 거실로 안내하도록 하였다. 들어서자마자 부인은 "개각이 단행되어 누가 다음 외무 장관이 될지 신경 쓰지 않아요. 이 크리스마스 선물은 한 장관 내외분을 위해 준비한 것이에요.(I don't care who will be Korea's next foreign minister. I just want to give this Christmas present to you.)"라고 하며 나에게 아름다운 마이센(Meissen) 도자기 2인조 디저트 세트를 선물하였다.

제임스 레이니 미국대사 내외

한 장관 취임 후 한동안 공석으로 있었던 주한 미국대사로 1993년 10월 중순에야 부임한 레이니(James Laney) 대사 내외와도 잠시나마 가깝게 지냈다. 특히 레이니 대사는 오랫동안 미국 남부의 명문 대학인 조지아주 애틀랜타에 있는 에모리 대학교(Emory

1993년 10월 22일 신임 주한 미국 대사 접견

University) 총장을 지내셨으므로 대학 커리어를 배경으로 한 우리 내외와 더불어 주말에는 같이 강화도 답사도 다녀올 만큼 특별히 친하게 지냈다. 이때의 사진들을 지금 찾을 수 없는 것이 안타깝다.

그 후 2008년 10월에 내가 워싱턴 DC 한국문화원에서 한국 내셔널트러스트 주최로 '새로운 밀레니엄의 한옥(Stepping into Hanok for the New Millenium)'이라는 한옥에 관한 전시와 강의를 할 때도 일부러 전시를 보러 내외분이 멀리서 오시기도 하였다. 이 전시는 주한 미국대사 관저를 포함한 서울의 14채 한옥의 사진을 여러 장씩 찍어 크게 확대하여 실제로 우리가 그 집에 들어와 있는 느낌을 갖도록 조립한 전시인데 뉴욕, 로스앤젤레스, 워싱턴 DC의 문화원에서 개최되었다. 미국대사 관저가 포함되어 있어 워싱턴의 전직 주한 미국대사 여러 분이 참석하였다. 전시 도록은 국·영 두 언어로 되어 있고 내가 편집 책임을 맡았다.

워싱턴 한국문화원에서는 건물 밖에 커다란 배너를 내거는 등 홍보를 잘한 탓인지 나의 강의에는 많은 청중들이 참석하여 제법 큰 강의실이 만석을 이루었다. 이태식 당시 주미 한국대사 내외, 릴리(James R. Lilley) 대사, 버시바우(Alexander R. Vershbow) 대사 등 전 주한 미국대사 내외들, 그리고 조지워싱

워싱턴 한옥전 배너

220

레이니 대사 내외. 2008년
10월 워싱턴 한옥전에서.

2008년 10월 워싱턴 한옥전을 위한 나의 강의. 버쉬바우, 릴리 전 주한대사 내외분
이 앞자리에 앉아 계심.

턴대의 김영기(Young-key Kim Renaud) 교수 등이 참석하였다.

로렌스 미들턴 영국대사 내외

영국대사 부인(Sheila Middleton)과는 한 장관 취임 이전부터 가
까이 지냈다. 그녀는 자신이 학자이기도 하여 한국문화에 많은 관
심을 갖고 허동화 한국자수박물관 작품들을 중심으로 꾸민 '한
국의 보자기(Traditional Korean Wrapping Cloth)'라는 제목으로 개
최된 1990년 5월 유서 깊은 옥스포드대학 애쉬몰리언 박물관

(Ashmolean Museum)의 전시 도록을 편집하는 데 참여하기도 하였다. 한국자수박물관의 웹사이트에는 "이 대학의 초청으로 전시가 이루어지기까지 당시 쉴라 호이 미들턴 주한 영국대사 부인과 정신문화연구원 이성미 교수의 공로가 컸다."라고 적혀 있다. 허동화 관장과는 전시 비용이나 관장 내외분의 영국행 항공료 등에 관해 약간의 마찰이 있었다. 허동화 관장님은 자신의 귀한 소장품을 직접 들고 비행기로 이동하시니 내외분의 일등 항공권 비용을 영국 측에서 내 줄 것을 기대하였다. 대사 부인은 영국은 이런 점에서 매우 '깐깐하고 여유 없는(cut and dry)' 나라라고 하였다. 영어에 능통하지 않으셨던 허 관장님의 '대변인'이 된 내가 곤란한 입장에 처하게 되기도 하였으나 전시는 무사히 잘 되었다.

나는 이런 여러 가지 일로 영국대사 관저에 비교적 자주 가서 부인과 점심을 같이 하기도 하고 오후 티 타임에 참석하기도 하였다. 미들턴 부인은 식사 예법(table manner)에 남달리 엄격하고 까다로웠던 사람이다. 한번은 나에게 많은 한국 사람들이 찻잔만 들고 다니며 차를 마시는 것이 보기에 매우 거슬린다는 말을 하였다. 만찬이 있을 경우 대개 후식까지를 테이블에서 먹고 차는 거실 쪽으로 나와서 마시는 것이 보통인데 이때 반드시 찻잔 받침(saucer)을 같이 들어야 한다는 것이다. 우리나라 외교부에서는 초년생 외교관들에게 어느 정도의 에티켓 강의를 해 주는지 나는 전혀 알지 못한다. 앞으로 좀 더 신경을 써야 할 문제임에 틀림없다.

Traditional Korean Wrappings Cloths

1990

Traditional
Korean Wrapping Cloths
한국의 보자기

전시기간 : 1990. 5. 9 - 1990 7. 1
전시주최 : 한국자수박물관
전시장소 : 영국 옥스퍼드대학 애쉬몰리언 뮤지엄
Ashmolean Museum, Oxford, UK)
전시작품 : 한국자수박물관 소장 조시 및 배단 조각보, 자수보
누비보 등 99점

1600년대에 개관된 박물관으로 대학에 속했으나 수집품이나 규모면
에서 세계 유수 박물관과 어깨를 겨루는 큰 박물관이다. 이 대학의
초청으로 전시가 이루어지기까지 당시 쉴라 호이 미들턴 주한영국
대사부인과 정신문화원 이성미 교수의 공로가 컸다.

로스퍼

1990년 5월 옥스퍼드대 애
쉬몰리언 뮤지엄 한국의
보자기 전시

　　미들턴 대사 부인은 교수 신분으로 알고 사귀던 내가 하루아침
에 외무 장관 부인이 되자 매우 부러워하였다. 그녀는 나에게 '고위
층(exalted position)'으로 올라간 것을 축하한다고 했다. 그러나 남
편이 커리어 외교관이 아닌 나 자신은 정작 아무런 신분 상승의 느
낌을 갖지 못한 채 매일매일 직장에서나 장관 공관에서나 내가 처리
해야 할 일들을 하면서 살아가고 있었다. 미들턴 대사 내외는 오랜
임기를 마치고 한국을 떠나 옥스퍼드 자택으로 돌아간 후에 내가 영
국에 갔을 때 자기 집에 초대해 주어 하루를 머문 적이 있었다.

청와대 만찬에서 만난 인사들

　　당시 청와대 만찬에는 한국 부인들 모두에게 한복을 입도록 요
구하였다. 평소에 한복을 즐겨 입지 않았던 나는 아주 불편하게 느
꼈고 새로 장만하는 비용도 만만치 않았다. 그러나 할 수 없이 나도

한복을 입고 파티에 나가면 평소에 알고 지내던 대사들은 나를 금방 알아보지 못할 지경으로 옷이 사람의 인상을 크게 바꾸어 놓는다. 한번은 내가 양복 차림으로 외빈 공항 영접을 마치고 집에 가서 한복으로 갈아입을 시간이 없어 그대로 청와대 만찬장에 갈 수밖에 없었다. 만찬장 입구에서 항상 먼저 손님을 맞이하시던 박관용 비서실장 내외분께서는 나의 아래위를 한번 '근엄한' 표정으로 훑어보시기는 했으나 통과는 시켜 주셨다.

많은 외국 손님들과 한국의 주요 인사들과 부인들이 드넓은 청와대 리셉션장을 가득 채우지만 대부분의 한국 부인들은 외국 손님들과 어울리지 않았다. 할 수 없이 나는 한국 부인들과 인사를 나눈 후 "외교단과 인사를 나누겠습니다."라고 양해를 구한 후 외국 손님들이 모여 있는 가운데로 가서 여러 사람들과 대화를 나누었다. 다른 부인들에게 조금은 미안했으나 다행히도 나는 외무 장관 부인이었다.

한번은 호주 총리의 비서실장이라는 분과 이야기를 하게 되었는데 이분은 내가 '말하는 것' 자체가 매우 놀랍다고 하였다. 호주의 한국대사관 파티에도 여러 번 가 보았으나 여성 참석자들은 대부분의 경우 아무 말을 하지 않아 한국 여자들이 원래 말을 잘 하지 않는 모양이라고 생각했다고 한다. 이 비서실장과 만찬 석상에서 옆자리에 앉아 한국문화 이야기를 한참 하고 나니 그는 농담으로 "How would you like to be the Minister of Culture?(부인께서 문화부 장관을 하시면 어떨까요.)"라고 하였다. 나는 곧 "One minister in a family is one too many.(한 집에 장관이 하나만 있어도 너무 많은 걸요.)"라고 대답하며 웃었다.

이 모든 장면을 보신 당시 이만섭 국회의장님께서는 매우 기뻐하시며 "한 장관 부인은 외무 장관 부인 수업을 단단히 받았네요." 라고 하셨다. 만찬 석상에서도 외국의 고위직 손님들과 주로 문화 이야기를 하는 것을 보시고 '기특해'하셨다. 처음 접하는 외국 손님들과의 대화는 한국 음식으로 시작해서 자연스럽게 나의 전공인 미술문화 이야기로 전개되었다. 의장님께서는 영어와 불어를 유창하게 구사하시던 기억이 난다. 이렇게 우리 내외에게 호감을 갖고 계시다가 그 후 연세대학교 동창회장을 하시며 남편에게 총회 연설을 부탁하신 후 그에게 연세대 명예동창의 자격을 부여하셨다.

샌드라 오코너(Sandra Day O'Connor)연방 대법원 대법관

워싱턴 DC의 메리디언 국제센터(Meridian International Center) 의 다양한 프로그램 가운데 외교단을 위한 점심 회의가 있었다. 이 센터에서는 처음 워싱턴에 도착한 대사 부인들을 위한 오리엔테이션 비슷한 회의도 해 주어 워싱턴의 외교 서클에서 되도록 편하게 지내도록 도와준다. 여기에 차출되어 나온 '고참' 대사 부인들의 경험담도 도움이 되는 것이었다. 또 다른 모임은 초빙된 저명 인사 한 분의 강연을 듣고 같이 점심 식사를 하는 것이었는데 이런 모임은

메리디언 국제 센터

나에게 미국의 정계, 문화계, 외교계 등을 이해하는 데 매우 유익하였으므로 나는 시간이 허락할 때마다 즐겨 참석하였다.

2003년 9월 23일에는 특별히 '전문직 여성 시리즈(Professional Women's Series)'를 갖게 되어 그야말로 저명 여성인사인 오코너 연방 대법원 대법관이 연사로 초청되었다. 그녀는 1981년 미국 역사상 최초로 여성 대법관이 되어 24년간 임무를 수행하다가 남편의 치매를 직접 간호하기 위하여 2006년에 사임한 것으로 유명하다. 그녀가 치매 환자인 남편을 수발하는 감동적인 이야기는 한국 언론에도 보도되었다.

이 행사 얼마 전에 자서전적인 책(*Lazy B: Growing up on a Cattle Ranch in the American Southwest*)을 출간하여 이날 이야기는 법에 관한 딱딱한 이야기가 아니라 자신이 어릴 때 애리조나주의 시골에서

톰보이(tomboy 남자아이들이 하는 일을 즐겨 하는 여자아이)로 자란 재미난 이야기를 들려주었다. 60이 갓 넘은 이 여성 대법관의 강인한 모습에서 그런 면을 찾는 것은 어렵지 않았다.

1981년 대법관 선서 장면

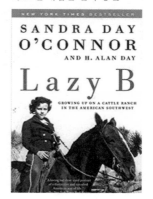

Lazy B: Growing up on a Cattle Ranch in the American Southwest

여덟 명씩 앉는 점심 식사 테이블에서 나는 운이 좋게 그녀의 바로 옆에 앉게 되었다. 그날의 테마가 전문직 여성에 관한 것이었으므로 나도 전문직 여성이고 잠시 휴직한 상태로 남편과 같이 워싱턴에 와 있다고 한 후 당신의 '최초'와는 비교도 되지 않지만 나 역시 한국정신문화연구원의 '최초의 여성 대학원장'이라고 하니 그녀는 나에게 새삼 악수를 청하며 나의 '기(氣)'를 살려 주었다.

다른 대사 부인들은 자연스럽게 외교가의 사교 운동인 골프 이야기로 화제를 전개하였다. 이때 오코너 대법관은 자기도 골프를 즐긴다며 처음 골프장에 나가기 전에 오 년간이나 레슨을 받고 많은 연습을 한 후에 나갔다고 하여 다른 사람들이 모두 감탄하였다. 레슨도 받지 않고 연습도 거의 하지 않은 채 남편을 따라 골프장에 나가 너무 짧게 나간 공을 집어 들고 남편의 공 옆에서 치기 일쑤인

나는 그저 듣기만 하고 있었다. 여가활동에까지도 자신을 철저히 준비하고 관리하는 그녀가 놀랍기만 하였다.

Chinese Painting as Reflected in the Thought and Art of Li Lung-mien

그레이엄 가(家)의 사람들

한번은 관저 만찬에 워싱턴 포스트의 그레이엄(Donald Graham) 회장이 참석하였다. 내가 프린스턴대학 박사과정에 있을 때 그의 외할머니 애그니스 마이어(Agnes Myer)가 쓴 북송(北宋)의 문인화가 이공린(李公麟)에 관한 책(Chinese Painting as Reflected in the Thought and Art of Li Lung-mien, 1070-1106)을 읽었다는 이야기를 했더니 깜짝 놀라며 그런 이야기를 하는 사람은 아직까지 나 이외에는 아무도 없었다면서 매우 감격스러워했다. 나는 또 그 책이 당신 할머니의 책이라는 사실을 당신 어머니의 자서전(Personal History)을 읽고 알았다고 하였다. 그리고 그분이 뉴스위크 잡지

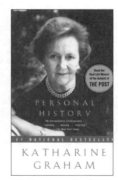

Katharine Graham, Personal History

의 CEO였을 당시 서울을 방문하였을 때 내가 창덕궁의 비원(秘苑)을 안내해 드린 일도 이야기하였다. 한 대사가 그 당시 시사주간지 뉴스위크의 고정 칼럼니스트였기 때문이다. 그레이엄 여사가 키가 크고 미인이셨던 것으로 기억한다고 하니 그는 그렇다고 하며 반가워했다. 그 후 워싱턴 근교의 골프장(TPC Avenel)에서 우리가 어쩌다가 그를 만나게 되면 나에게 다가와서 반갑게 인사하였다. 자기 집안의 두 어른을 잘 아는 특이한 대사 부인에게 예의를 표시하는 것을 잊지 않았다.

체비 체이스 클럽 만찬
칼라 힐스(Carla Hills) 전 미국 통상대표 내외분(남편은 Roderick M. Hills)과는 비교적 가까이 지낸 편이었다. 우리 관저의 만찬에 자주 오셨고 남편이 대사를 그만둔 뒤에도 국제회의에서 가끔 반갑

체비 체이스 클럽

게 만났다. 그녀가 통상대표 시절 한국에 관세를 낮출 것을 계속 요구하는 바람에 한국 신문의 시사만평에는 그녀를 마녀로 둔갑시켜 그려 놓기도 하였다. 한번은 우리 내외를 자신이 속해 있는 워싱턴의 사교클럽인 체비 체이스 클럽(Chevy Chase Club)의 만찬과 댄스 파티에 초청하였다.

이때 나는 당시 금융계의 '황제' 앨런 그린스펀 미 FRB 의장의 옆에 앉게 되었고 그분과 나눈 대화 이야기는 '대사를 대신하여'라는 글에 인용한 바 있다. 그는 우리나라가 경제대국이 된 만큼 미술사와 같은 인문학도 연구해야 한다는 것이었다.

손님 가운데 맥나마라(Robert C. McNamara) 전 국방 장관도 있었다. 이미 고령이었으므로(2004년 당시 88세) 그가 지팡이를 짚고 들어오는 모습이 이상하지 않았다. 그런데 그의 두 번째 부인은 그보다 훨씬 젊고 상당히 미인이었다. 저녁 식사가 끝나고 파티장의 가운데 마련된 댄스 마루(dance floor)에는 사람들이 한두 쌍씩 나와서 요란한 음악에 맞추어 춤을 추기 시작하였다. 맥나마라 장관은 어느새 지팡이를 던져버린 채 부인과 같이 나와서 신나게 춤을 추는 것이 아닌가! 성장 배경과 문화의 차이를 실감하며 우리 내외는 마주 보고 웃기만 하였다.

워싱턴 국립오페라 마이클 존넨라이히 회장
워싱턴 DC의 이태리 대사관은 건축 명물 가운데 하나이다. 우리 대사관을 포함한 많은 대사관 건물들이 대사관 길(Embassy Row)이라고 불리는 매사추세츠 애비뉴(Massachusetts Ave.)에 있는 반면 이태리 대사관은 이 길로부터 깊숙이 들어간 골목에 숨어 있다. 겉으로는 밋밋한 두 개의 벽이 문을 중심으로 양쪽으로 뻗어 있는 모양이지만 안으로 들어가면 로마의 판테온과 같이 원형의 넓은 공간에 유리와 철골 구조의 돔(dome)과 같은 천장으로 빛이 들어오는 아름다운 연회장이 있다. 이 연회장에서 2004년 10월 13일에 존스홉킨스 대학의 SAIS(School of Advanced International Studies) 창립 60주년 기념식이 열렸다. SAIS는 이태리의 유명한 중세 대학도시인 볼로냐에도 캠퍼스가 있는 연고로 이 행사가 이태리 대사 관저에서 열린 것이다.

이때의 기조연설자로는 파월(Collin Powell) 미 국무장관이 초대되어 장내는 철통 같은 수비에 싸여 있었다. 2001년 9.11 테러 이후에는 종종 볼 수 있는 현상이었다. 만찬을 위하여 원형 테이블을 약 60개 정도 차려 놓은 이 행사장에서 우리 내외는 워싱턴 국립오페라의 회장인 존넨라이히(Michael R. Sonnenreich) 씨와 한 테이블에 앉게 되었다. 그의 바로 옆에 앉아 대화하는 가운데 내가 프린스턴대학에서 중국미술사로 박사학위를 받은 이야기를 하였더니 그는 매우 반가워하며 나의 지도교수(Prof. Wen C. Fong)를 잘 안다고 하였다. 그리고 그는 세상에 많은 사람들이 있는 것 같지만 실은 약 2,000명 정도가 있는 것이나 다름이 없다고 하였다. 그렇게 생각한다면 나에게는 2,000명보다 훨씬 더 적은 숫자가 된다고 하며 재미있게 웃었던 기억이 난다.

존넨라이히 회장은 그날 우리 내외를 워싱턴 국립오페라에 초대해 주겠다고 하였다. 과연 그는 10월 27일 케네디 센터(Kennedy Center)의 국립오페라 극장에서 열리는 〈일 트로바토레(Il Trovatore)〉 공연, 그리고 공연 후 오페라 극장의 꼭대기 층에서 열린 '예술인들과의 만찬(Cast Dinner)'에까지 우리를 초대해 주었다. 수백 명의 손님들 가운데는 그날의 주요 출연진, 워싱턴의 문화계 인사들, 우리 같은 외교단의 대사들 내외, 군 장성 등 각계의 인사들이 포함되어 있었다. 만찬 사회를 본 인사는 다름이 아닌 당시 워싱턴 국립오페라의 감독을 맡고 있던 세계적 테너 플라시도 도밍고였다. '오페라의 왕(The King of Opera)'이라는 칭호를 가진 테너 도밍고를 지척에서 본다는 것만 해도 가슴 벅찬 일이었다. 밤 10시도 넘은 시간이었으나 성대한 정식 코스 만찬이었다.

이 만찬에 나온 크림 수프는 사기그릇에 담긴 것이 아니라 예쁘장한 작은 호박의 윗부분을 뚜껑처럼 잘라내고 속을 파서 만든 '그릇'에 담겨 있었다. 마침 핼러윈(Halloween, 10월 31일)이 가까운 때라 잘 익은 호박이 많은 계절이었다. 요즈음 서울의 고급 만찬에서도 가끔 볼 수 있는 메뉴이지만 나는 이 '호박 그릇'이 무척 신기하여 대사 관저 만찬에서 그대로 해 보았다. 문제는 비슷한 크기의 작고 잘 익은 호박을 많이 구하기가 어렵다는 것이었다. 원래 핼러윈

호박 그릇 속의 호박크림수프   호박크림수프를 준비하는 관저 요리사
이숙경 씨

이 가까워 오면 집집마다 커다란 호박의 속을 파내고 눈, 코, 입에
해당하는 구멍을 파고 그 속에 촛불을 켜 놓는 것이므로 작은 호박
을 많이 구하는 것은 쉽지 않았다. 나는 워싱턴 근교의 여러 군데
가게를 돌며 약 40개의 작은 호박을 구할 수 있어서 관저 만찬에서
성공적으로 실행에 옮겨 손님들로부터 좋은 반응을 얻었다.

11월에는 칠레에서 열린 APEC행사가 있었으므로 대통령 내외
분이 미국을 거쳐서 칠레로 가시는 일정 때문에 우리 내외는 무척
바쁘게 지냈다. 나는 칠레까지는 가지 않았으나 LA에서의 환영, 교
민 행사 등에 참여했고 한 대사는 칠레까지 다녀왔다. 이런 연유로
그처럼 내가 즐거웠던 워싱턴 국립오페라 공연과 만찬을 다녀와서
존넨라이히 회장님께 답례를 곧바로 하지 못하고 12월에나 감사
편지와 더불어 나의 영문 책(*Fragrance, Elegance, and Virtue*) 한 권을
보내 드렸다.

며칠이 지나자 그는 우리 내외를 Democracy: The American

Comedy(민주주의: 미국의 희극)라는 창작 오페라에 또 초대해 주었다. 이 오페라는 2005년 1월 30일 낮 2시의 공연과 5시의 저녁식사까지 참석하는 행사였다. 그러나 서울에서는 12월 16일 자로 홍석현 중앙일보 회장을 차기 주미대사로 임명하였으므로 나는 회장님께 이런 사정을 대강 쓰고 초대를 수락하지 못해 죄송하다는 말씀을 드렸다. 실은 홍 회장의 아그레망 절차가 의외로 오래 걸려 우리 내외는 2005년 1월 21일에 있었던 부시 대통령 두 번째 취임식에 참석하고 1월이 다 지나 2월 13일에야 워싱턴을 떠났으므로 그 오페라 초청을 수락할 수도 있었다. 그러나 이때 한 대사의 입장으로는 외부의 초청을 극히 선별적으로 받아들이는 것이 도리였을

존넨라이히 회장의 2004년 12월 14일
자 초대 편지

워싱턴 국립오페라의 창작극
Democracy : An American Comedy

것이다. 존넨라이히 회장님과의 만남은 나에게는 매우 귀한 인연
이었다.

캐나다의 마이클 커긴 대사 부인

워싱턴의 외교단 구성원들은 늘 이동이 있기 마련이지만 이런
가운데 나는 캐나다의 커긴 대사(Amb. Michael Kergin) 부인인 마가
리타(Margarita) 커긴 여사와 특별히 가깝게 지냈다. 그녀는 내가 8
월 말 한 대사보다 넉 달이나 늦게 워싱턴에 도착하였는데 그동안
남편을 만난 자리에서 내 이야기를 미리 듣고 내가 워싱턴에 도착
하기도 전에 2003년 6월 12일 자로 자신이 부회장으로 있던 사교
클럽 '인터내셔널 네이버스 클럽 I(International Neighbors' Club I)'
에 나를 가입시켜 놓았다. 가입 초청장은 당시 회장이었던 도날슨
(Jan Smith Donaldson) ABC TV 회장 부인과 멤버십 담당 임원이었
던 국무장관 부인 파월(Alma Powell) 여사의 명의였다. 이 클럽의 구
성원들은 주미대사들의 부인, 워싱턴의 입법, 행정, 사법부의 고위
인사들의 부인, 그리고 학계, 문화계의 유명 인사들의 부인들이다.
한 달에 한 번씩 대사 관저와 시내의 유익하고 볼 만한 곳을 답사한
후 오찬을 같이하는 것이었다. 이 클럽의 활동 상황에 관해서는 나
의 다른 글들, 즉 '주미대사 부인의 문화외교'와 '워싱턴의 각종 모
금운동'에서도 언급하였다.

캐나다대사관은 시내에 아담한 관저를 가지고 있으며 커긴 부인

은 열 두어 명 정도의 워싱턴 사교계 여성들을 위한 오찬 모임이나
외교단을 위한 조촐한 만찬을 자주 하였다. 내가 참석한 오찬에서
존넨라이히 워싱턴 국립오페라 회장 부인을 또 만난 일도 있었다.
이런 모임에 가면 즐겁기는 하지만 나로서는 우리 관저에서 아무
이유 없이 단순히 사교를 위한 여자들의 오찬 모임을 한다는 것은
생각도 못 할 일이었다. USO나 CARE의 모금 준비 오찬이나 모금
만찬은 명분이 뚜렷하여 내가 대사관 총무과의 '눈치'를 보지 않
아도 된다고 생각하였다. 돌이켜 생각하면 커긴 부인과 같이 활발
한 사교를 전개하는 것도 자국의 위상을 높이는 일이 아닌가 생각
된다. 커긴 부인은 남편이 미국대사 발령이 나자 캐나다의 어느 유
명 리조트에 직접 가서 그곳의 고급 식당에서 일하는 쉐프를 '모
셔'왔다고 한다. 우리 관저의 두 젊은 요리사들이 정부에서 지급하
는 거의 최저 임금 수준의 봉급을 받고 와 있는 것과는 사뭇 다른
이야기이다.

미국 대통령 부자

마지막으로 미국의 부자(父子) 대통령과의 만남으로 이 장을 마치겠다.

남편이 노무현 정부의 첫 번째 주미대사로 임명되어 2003년 5월 3일에 백악관에서 신임장을 제정하게 되었다. 우리 내외는 이때 국무부의 가족 초청 방침에 따라 아들 내외, 손자, 손녀, 그리고 당시 미국에 있던 조카들의 가족들을 모두 초청하였다. '아들' 부시 (George W. Bush) 대통령의 소탈한 성격은 아이들에게 일일이 말을 붙여서 아이들을 즐겁게 해 준 것으로 알 수 있었다. 화기애애한 분위기 가운데 한 대사는 노무현 대통령의 안부만 전달했을 뿐 정치 현안을 이야기하는 자리는 아니었다.

부시 대통령과 우리 내외. 2003년 5월 3일

부시 대통령과 우리 아들 내외, 조카 내외, 손자, 손녀들. 2003년 5월 3일

국무부에서는 우리 내외가 대통령 내외에게 드릴 선물이 있으면 미리 접수하는 것이 관례라고 하였는데 나는 이때 영부인 로라 부시(Laura Bush) 여사에게 그 전해에 출간된 한국 여성문화를 소개한 나의 영문 책(*Fragrance, Elegance, and Virtue : Korean Women in Traditional Arts and Humanities*) 한 권을 직접 선사하고 싶었다. 국무부 의전실 여직원은 나에게 핸드백에 들어갈 만한 크기의 책이면 가지고 들어가도 된다고 하여 그렇게 하였다. 그러나 로라 여사는 이 행사에 참여하지 못하여 나는 대통령에게 전달해 달라고 부탁하는 수밖에 없었다. 그는 도판이 많아 보기 좋은 책을 들추어 보며 신기해하였다.

부시 가족의 근거지가 휴스턴인데 마침 내가 그 이틀 전인 2003

년 5월 1일에 그곳의 미술관에서 한국미술 관련 강의를 하고 왔으므로 그 이야기도 하였더니 부시 대통령은 남편에게 "이런 학자와 결혼하였으니 앙혼(仰婚)을 하셨네요. 나도 그랬습니다."라고 하며 로라 여사가 학교 선생님이었다는 이야기를 해 주었다.

Fragrance, Elegance, and Virtue Korean Women in Traditional Arts and Humanities

휴스턴 미술관 강의는 한 대사가 임명되기 몇 달 전부터 날짜가 이미 정해진 것이었는데 나는 미국 국무부의 신임장 제정 날짜 발표를 조마조마하게 기다려야 했다. 다행히도 나의 강의 이틀 후로 일정이 나와 나는 서울을 출발하여 휴스턴을 먼저 방문하고 신임장 제정 하루 전에 여유 있게 워싱턴에 도착하였다.

그 이듬해 초에 한국의 신임 반기문 외교부 장관이 워싱턴을 방문하였을 때 어느 날 아침 남편이 나에게 "오늘 신임 장관과 같이 백악관으로 부시 대통령을 예방하러 가요"라고 알려 주었다. 나는 그냥 "대통령에게 안부 전해 주세요"라고 하였다. 점심 시간 전쯤 남편이 대사 관저로 전화하여 막 웃는 것이었다. 영문을 몰라 왜 웃느냐고 하니 그는 장관과 같이 대통령 집무실에 들어서니 부시가 "Hi, Ambassador Han, how is Mrs. Han?"이라고 내 안부를 먼저 물어 다른 사람들도 모두 웃었다고 한다.

내가 '아버지' 부시(George H.W. Bush)를 만나게 된 것은 그의 80세 생일 기념행사에서였다. 해군 조종사 출신인 그는 80세의 나이에도 불구하고 많은 사람들이 지켜보는 가운데 경비행기에서 낙하산을 타고 휴스턴 근교의 넓은 들판으로 내려오는 '묘기'를 선보였다. 들판을 에워싼 수없이 많은 성조기들이 장관을 이루었다.

이 행사의 전야제 격인 파티는 휴스턴의 전형적인 랜치 양식(ranch style: 넓은 단층 평면으로 지어진 집)의 어느 개인 저택에서 개최되었다. 끝없이 넓은 연결된 방들에는 바닷가재, 아보카도, 각종 치즈, 고기, 생선 등의 갖가지 음식이 요소요소에 쌓여 있었고 웨이터들이 곳곳에서 손님들의 주문에 응해 먹기 좋게 음식을 접시에 담아 대접해 주었다.

휴스턴 들판을 장식한 성조기들

공교롭게도 이날(2004. 6. 11)이 레이건(Ronald Reagan) 전직 대통령의 장례식 날짜와 겹쳐서 한 대사는 나와 같이 낮에 휴스턴에 내려올 수가 없었다. 나는 오후에 일찌감치 지인의 자가용 비행기에 동승하여 내려와 이 재미있는 파티를 마음껏 즐기고 있었다. 내가 아버지 부시에게 한 대사는 워싱턴의 장례식 때문에 아직 내려오지 못했다고 하니 그는 "그렇다면 우리 두 사람이라도 사진을 찍읍시다.(Well, in that case, let's take a picture – two of us.)"라고 말하며 자신의 팔로 내 어깨를 감싸며 포즈를 취하였다. 아쉽게도 이때의 사진을 내가 챙기지 못하였다. 나는 그가 대통령에 당선되었을 때 "이제 내가 대통령이 되었으니 앞으로 브로콜리를 먹지 않아도 된다.(Now I am the President of the United States, and I don't have to eat broccoli anymore.)"라고 한 말이나 퇴임 후 인터뷰에서 사람들이 "앞으로 무엇을 하시겠습니까?"라고 물었을 때 간단하게 "부인 바바라 여사는 요리를 하고 나는 설거지를 할 것입니다.(Barbara will cook, and I will do the dishes.)"라고 한 말들을 기억하고 있다고 하니 그는 아주 즐거워하였다.

이 내외분은 또 휴스턴 미술관(Museum of Fine Arts, Houston)의 이사를 맡고 계셨으므로 내가 그 미술관에 이미 두 번(1990년 8월, 2003년 5월) 가서 한국미술에 관한 강연을 한 일이 있다고 하니 매우 신기해하셨다. 8월 첫 번째 강의를 끝내고 그 미술관의 관장(Dr. Peter C. Marzio 1943~2010)과 함께 찍은 사진을 싣는다.

1990년 8월 휴스턴 미술
관 마지오 관장과 함께

휴스턴 미술관 한국미술
실

    2004년 봄에 마지오 관장은 이미 휴스턴 박물관에 한국미술실을 만들 계획으로 한국을 방문했고 그의 염원은 2010년 그가 타계하기 얼마 전에 이루어졌다.

    그러므로 나는 아버지 부시에게 마지오 관장의 한국미술 사랑 등 여러 가지 이야기를 나눈 후 많은 손님들이 그와 대화를 나누고 싶어하므로 다른 방으로 이동하였다. 그 후 아들 부시를 위하여 그가 조선일보의 초청으로 한국을 방문하였을 때 다시 한번 소탈한 미국의 제41대 대통령과 만날 기회를 가졌다. 나는 미국의 낙하산 행사장에서 산 '41@80'(80세의 제41대 대통령)

이라는 구절이 새겨진 앞치마를 지금도 즐겨 입는다.

남편을 동행한
해외 순방

　　　　　남편은 임기의 대부분 동안 북핵 문제
해결에 많은 시간과 노력을 기울여야 했고 거의 모든 해외 출장에
는 내가 동행할 여지가 없었다. 더욱이 그 이전 정권에서 영부인들
이 대통령 해외 순방 때 동행한 모습들이 크게 부각되어 국민의 거
부감마저 사게 되었던 일도 있었으므로 문민정부에서는 장관의 해
외 출장에 부인의 동행을 결코 장려하지 않았다. 외무 장관 부인인
내가 남편을 동행하지 않는 것에 대해 외국 대사 부인들이 의아하
게 생각할 정도였다.

　매주 수요일 오전이면 외국 대사 부인들, 장관 부인들, 대기업 총
수의 부인들이 적십자사에 모여 보훈병원에 보낼 거즈를 접는 '수
요봉사'라는 것이 있었는데 이때 나는 한국 부인들에게는 간단히

인사만 하고 대사 부인들과 같이 앉았다. 어느 날 남편은 당시 EU 의 수도 벨기에의 브뤼셀로 출장을 갔고 이 일은 외국 대사들도 알 만큼 뉴스에서 다루어졌다. 벨기에 대사 부인은 나를 보는 순간 왜 장관을 동행하지 않았느냐고 물으며 자기 나라의 좋은 미술관, 세계 최고의 리넨과 레이스 제품들에 관해 나에게 열심히 홍보한 일 도 있었다.

아세안 확대 외무 장관 회담(ASEAN PMC)

그럼에도 불구하고 나는 몇 차례의 해외순방에는 남편을 동행할 수 있었다. 1993년 7월의 ASEAN PMC 회의 때 인도네시아의 수도 자카르타에 가서 부자 나라도 아닌 이곳의 화려한 만찬장의 양난 (洋蘭) 장식에 황홀했던 기억은 오래도록 남아 있다. 이보다 몇 년 전에 나는 족자카르타의 불교 유적지인 보로부두르와 힌두교 유적 지 프람바난에 간 적이 있어 역시 예술적 감각이 뛰어난 나라이구 나 생각하였다.

이때 필리핀의 로뮬로(Roberto Romulo) 외무 장관 내외분과 처 음으로 사귀게 되었는데 그 후 계속 국제회의에서 만날 기회가 있 어서 친교가 이어졌다. 가장 최근에는 지난 2017년 8월 초에 마닐 라에서 열린 ASEAN 창립 70주년 기념행사에 남편이 기조연설자 로 초청받게 되었는데 로뮬로 전 장관이 이 행사의 전체 준비위원 장이었다. 내외가 우리를 자택으로 초대해서 성대한 만찬을 베풀어 주었으며 이 자리에는 주 한국대사를 역임했던 성김 주 필리핀 미국대사, 한국의 김재신 대사 등이 참석하여 재미있는 시간을 가질 수 있었다.

뉴욕의 UN 총회

1993년 9월 25일부터 10월 1일까지 우리 내외는 제 48차 UN 총회 참석차 뉴욕을 방문하였다. 가장 중요한 일정은 물론 9월 29일 저녁 한 장관의 UN 총회 기조연설 방청이었으나 그 이외의 여러 가지 일정들이 잡혀 있었다. 9월 26일 저녁에는 링컨 센터에서 한국 축제 개막식과 만찬이 있었다. 이 한국 축제의 일환으로 아시아 협회 미술관(Asia Society Gallery)에서는 앞에서 이야기한 '18세기 한국미술전 (Splendor and Simplicity: Korean Art of the Eighteenth Century)'이 개최되었는데 이 전시를 위해 나도 전시 도록에 글을 쓰는 등 실제로 많은 일을 하였다.

9월 27일에는 월도프 아스토리아(Waldorf – Astoria) 호텔에서 클린턴 미 대통령 내외 주최로 외교단 전체 대상 환영 리셉션이 열렸다. UN 본부가 있는 East 34가부터 맨해튼의 중간 부분까지는 총회 기간 동안에는 그야말로 교통지옥이다. 철통 경호를 요하는 많은 국가수반들이나 한 장관과 같은 특별한 외무 장관(분단국이므로)들로 붐비는 곳이니 그럴 수밖에 없었다. 우리 내외가 이동하려면 우리가 탄 차의 뒤에는 반드시 특별경호원(Secret Service) 여러 명이 탄 밴(van)이 뒤를 따라 왔으며 이들은 일단 우리가 건물 안에 들어서면 나는 아랑곳하지 않고 장관 한 사람만 에워싼 채 엘리베이터를 탄다. 한참 후에 나는 혼자 다른 엘리베이터로 행사장을 찾아갔다.

발 디딜 틈 없이 꽉 찬 그 커다란 행사장에서 그래도 나는 클린턴 대통령 내외를 찾아가서 인사하고 그 몇 달 전 6월에 있었던 대통령 내외의 방한 때 일들을 상기시켜 주며 한동안 대화를 이어나갈 수 있었다. 쾌활한 성격의 그는 대꾸를 잘 해 주어 나를 기분 좋게 했으나 그가 그 많은 사람들을 만나며 다니므로 실제로 나를 기억해 주리라 기대하지는 않았다.

다음 날 오후에는 부트로스 부트로스 갈리(Boutros Boutros-Ghali) UN 사무총장의 부인이 주최하는 다과회가 있었다. 사무총장 관저는 이스트 리버(East River)를 배경으로 하는 아름다운 정원이 있는 집이었다. 강 쪽으로는 유명한 중국계 미국 건축가 이오 밍 페이(I. M. Pei 貝聿銘, 1917~2019)가 그의 트레이드 마크인 유리상자 스타일로 본 건물에 더해 지은 이색적인 구조도 볼 수 있었다. 관저 벽에는 뉴욕의 메트로폴리탄 미술관에서 빌려온 많은 그림들이 장식되어 있었다. 우리 외무 장관 공관에도 내가 국립현대미술관의 그림을 빌려다 걸어 놓았기 때문에 뉴욕의 간판 공관인 사무총장 관저를 위해 메트로폴리탄이 큰 마음을 쓰는구나 생각하였다.

부트로스 갈리 사무총장 부인은 그 후에도 파리, 뉴욕, 카이로 등지에서 여러 번 만날 기회가 있었고 상당히 가까이 지내는 인사 중의 하나가 되었다. 한번은 나 혼자 메트로폴리탄 미술관 일로 뉴욕을 방문하였을 때 뉴욕의 미술사 관계 교수와 큐레이터를 여러 사람 불러 관저에서 나를 위한 오찬을 베풀어 주기도 하였다.

9월 29일 낮에는 미 국무 장관 부인 초청 메트로폴리탄 미술관 방문이 있었다. 이미 여러 번 간 곳이지만 예의상 참석하고 저녁에 있을 남편의 기조연설에 신경을 썼다. 드넓은 UN 본부 본 회의실 연단은 대형 UN 로고 아래에 녹색조의 커다란 대리석 단이 있고 회의 사회자와 총회의 의장이 그 앞에 앉아 있었다. 남편의 연단은 이 녹색 대리석 단 아래에 큼직한 짙은 갈색 대리석으로 되어 있었다. 그러나 앞에서 보면 그는 녹색 대리석 벽을 배경으로 서 있는 듯했으며 그의 곤색 양복이 녹색 배경으로 인하여 선명하게 돋보였다.

남편의 연설 제목은 '새로운 시대의 문턱에서(The Threshold of New Era)'였으며 UN이 평화

1993년 9월 29일 한승주 장관 UN 연설

248

를 위해 한 발짝 더 나아가는 것을 시작으로 앞으로 세계가 이전에 비해 획기적으로 달라질 것이라는 내용을 담고 있었다. 남편의 가장 중요한 일정이 '성공적'으로 마무리 된 후 우리는 숙소인 UN 플라자 호텔(UN Plaza Hotel)로 돌아와 편안한 저녁을 지낼 수 있었다.

우리 일정 중에 마지막 날에는 아시아 협회 미술관에서 '18세기 한국미술전' 개막전이 있었다. 앞서 이야기한 것같이 내가 이 전시 준비에 관여했기 때문에 주최 측에서는 장관을 대신하여 나에게 인사말을 하도록 요청하였다. 아시아 협회의 닉 플랫(Nick Platt) 회장 내외는 오래전부터 우리와 친분이 있었으므로 나는 기꺼이 그의 요청을 받아들였고 이 전시의 중요성, 전시 준비 과정 등을 담은 인사말을 하였다.

1994년에도 UN 총회 때 남편과 동행하였으나 이때는 특별한 문화행사 없이 정해진 외교 행사에만 참석하고 돌아왔다. 그러나 나에게는 뉴욕이라는 세계 최고의 문화도시를 방문하는 것은 언제나 즐거운 일이었다.

Splendor and Simplicity:Korean Arts of the Eighteenth Century 전시 도록

북경과 서안 방문

1993년 10월 한 장관이 첸치천(錢其琛) 중국 외교부 장관과 북경 회의 일정이 있었는데 이때 중국 외교부에서 나를 특별히 초청해 주었다. 여러 차례 서울을 방문했던 첸 장관은 장관 공관 만찬에서 내가 그의 옆에 앉아 중국어를 조금이나마 할 수 있고 중국 문화에 많은 관심을 가진 것을 알고 그 후 한국을 방문하게 되면 나에게 중국미술사 책이나 한시(漢詩) 책을 가져다 주었다. 이런 이유에서인 지 중국 외교부는 장관과 나를 동반으로 초청해 주어 매우 유익한 경험을 할 기회가 주어졌다.

북경의 영빈관인 조어대(釣魚臺)는 드넓은 단지에 호수가 있고 여기저기 여러 개의 독립된 영빈관 건물들이 있다. 우리가 머문 곳 은 방이 몇 개인지 모르겠으나 장관 수행원들도 각자 방이 있었고, 거대한 침실과 거실, 식당, 주방 등이 모두 갖추어진 한 채의 '저택'

1993년 10월 북경의 조
어대 영빈관 숙소 앞에서

이었다. 아침에 일어나니 식당에는 아침 식사가 차려져 있고 정갈한 제복을 입은 웨이트리스가 대기하고 있었다.

나는 한중 수교 이전에 북경에서 개최된 국제 박물관 협의회(ICOM) 회의 참석차 북경을 방문한 적이 있었지만 이번에는 고도(古都) 시안(西安)에도 가는 일정이어서 큰 기대를 가지고 갔다. 당시에는 시안이 관광객을 맞이할 도시 인프라가 매우 열악한 상태였으며 우리가 투숙했던 샹그릴라 호텔이 사막의 오아시스와도 같이 유일한 고급 호텔이었다. 그러나 섬서성박물관(陝西省博物館), 비림(碑林), 그리고 유적지로는 서안의 동쪽 교외에 위치한 신석기시대 앙소문화(仰韶文化) 유적지인 반파(半坡), 그리고 진시황제(秦始皇帝) 능이 있는 여산(驪山) 부근의 지하 병마용갱(兵馬俑坑) 등 미술사 전공자들에게는 기막힌 자료들을 볼 수 있는 곳들이 많았고 짧은 시간이나마 이들을 답사할 수 있었다.

섬서성박물관에는 토기, 청동기, 당삼채(唐三彩) 등 역대 중국 유물들이 즐비한 가운데 나의 관심을 더욱 집중시킨 것은 7세기 초기에 건현(乾縣)에 조성된 당 고종(高宗)의 아들 장회태자(章懷太子)의 묘와 손녀 영태공주(永太公主)의 묘에서 옮겨온 벽화들이었다.

영태공주는 중국 역사상 유일한 여제(女帝)인 할머니 측천무후(則天武后 624~705)에 의해 살해되었으나 그의 사후 벽화를 갖춘 대형 묘소에 안치되었다. 이들 벽화는 나의 중국회화사 강의에 반드시 등장하는 중요한 그림들인데 항상 슬라이드를 통해 학생들과 같이 보았으므로 실물을 처음 보는 감격을 이때 맛볼 수 있었다.

이 박물관의 기념품 가게에서 나는 남편의 만류에도 불구하고 높이가 약 40cm 되는 당삼채 모조품 여인상을 하나 샀다. 특히 오준 보좌관 등 다른 수행원들에게도 조금은 체면이 손상되는 일이었으나 그 복스러운 여인상을 꼭 하나 사고 싶었다. 당나라 여인상들은 당 현종(玄宗)이 좋아했던 양귀비(楊貴妃)와도 같이 모두들 풍만하고 복스럽게 만들어졌다고 한다. 비행기 탈 때도 이 여인상이 들어 있는 상자를 조심스럽게 안고 타서 무사히 집에 오니 우리 아주머니는 이 여인을 보자마자 "보듬고 잡아(품에 안고 싶어)"라고 하는 것이다. 이 여인상은 지금도 내 연구실의 조명이 잘 설치된 진열

모조품 당삼채 여인상

8세기 초 영태공주묘 벽화. 섬서성박물관.

대 위에서 나를 즐겁게 해 준다.

다음 날 아침 내가 중국 외교부 관계자들에게 반파(半坡) 유적지를 보러 가겠다고 하니 그들은 매우 곤란하다는 표정을 지었다. 그곳까지 아직 도로가 포장되지 않았다는 것이다. 나는 그래도 좋으니 꼭 가 보고 싶다고 내 의사를 굽히지 않았다. 승용차로 별 큰 고생 없이 다다른 이 유적지는 기원전 4,000년까지 연대가 거슬러 올라가는 대형 신석기 유적지로, 1958년 이미 중국 최초로 유적지 위에 지붕을 덮어 보존하는 형식의 '박물관'을 만든 곳이다. 나는 회화사(繪畵史)가 전공이지만 기본적으로 선사시대부터 강의에 포함시키므로 이 거대한 유적을 보는 순간 우선 나의 다음 강의를 떠올리며 흥분하게 되었다. 근처 별도의 건물에는 이곳에서 발굴된 앙소문화 채도(彩陶)들을 전시해 놓았는데 하나같이 중국미술사 교과서에 나오는 것들이었다. 나에게는 이런 행운도 있구나 할 지경으로 선명한 붉은 진흙 색 바탕에 검은 철분으로 문양이 시문(施紋)된 토기들이 정말 아름다웠다.

비림(碑林)에는 우리 일행이 다 같이 갔는데 우리나라에서는 찾아볼 수 없는 그야말로 '비석들의 숲'은 장관(壯觀)이었다. 박사과정 시절 공부한 중국 서예사(書藝史)에

반파 유적지 출토 앙소문화 채도

서 배운 역대 명필들의 글씨를 한눈에 볼 수 있는 진기한 장소였다. 젊은 여성 안내자의 설명을 듣다 보니 지금은 기억이 나지 않지만 송대(宋代) 어느 서예가에 관해 잘못된 정보를 주는 것이었다. 나는 그 자리에서 수정해 주었지만 지금은 이 일을 많이 후회하고 있다. 당시에는 우리 일행을 위해 내가 정확한 정보를 제공해 주어야 한다는 생각에 그렇게 했지만 어차피 나 이외의 다른 사람에게는 상관이 없지 않았을까 한다. 나가면서 조용히 그녀에게 다음 번에 안내할 때는 이렇게 하라고 일러 주는 것이 좋았을 걸 하는 생각이다.

진시황 묘 부근의 지하 갱(坑) 출토품들은 우리나라에서도 1994년 8월 민속박물관에서, 그리고 2003년 7월 삼성동 코엑스 특별 전시장에서 전시된 바 있어 지금은 널리 알려졌으나 그 어마어마한 지하 갱에 줄지어 서 있는 흙으로 빚어 만든(terracotta) 실물보다 조금 더 큰 병사들, 말들과 마차 등을 처음 보았을 때 완전히 'mind boggling(상상을 초월한다)'하다는 표현을 떠올리게 하는 장면이었다. 1974년 처음 발굴 당시까지 중국미술사에서 불교조각 이외의 등신대(等身大) 인물 조각상이 알려지지 않았으므로 많은 학자들이 그 진위를 의심할 정도였다. 그러나 계속해서 이어지는 발굴로 그 어마어마한 규모의 실체가 드러났고 지금은 현재까지 발굴된 갱의 위를 덮어 서안의 반파 유적지처럼 위에 지붕을 설치하였다. 중국을 최초로 통일하고 도량형(度量衡) 제도 확립, 한자(漢字) 통일 등 무수한 업적을 남긴 진시황이 아니면 과연 누가 이런 발상이라도

진시황묘 부근 지하갱의 병마용들을 발굴하고 그 위에 지붕을 덮은 모습

하였을까?

이 시기에 나의 막내 동생인 서울대 동양사학과 교수 이성규(현재는 명예교수, 학술원 회원)는 일 년간의 안식년을 중국 각지의 발굴 지역을 발로 답사하는 대장정을 진행하고 있었다. 진(秦)·한(漢) 시대가 전공인 그는 지금과 달리 그때는 오지(娛地)의 대부분 중요한 발굴은 몇 년 동안 보고서가 출간되지 못해 발로 뛰지 않으면 따라갈 수 없다고 하였다. 우리 내외의 시안 방문과 때를 맞추어 그가 시안에 도착하였다. 당연히 우리가 묵은 호텔에서 같이 있기로 하여 하룻밤을 지내고 아침에 나에게 하는 말이 "성미 누나, 나 어제 한잠도 못 잤어요. 이런 고급 호텔방이 어쩌나 나에게 생소한지 도무지 불안해서."

동생은 그때까지 '마오(모택동) 수트'로 알려진 곤색 옷을 입고 시골의 싼 여인숙에 머물며 돌아다녔다고 한다. 그래도 한 방에 모르는 사람을 둘씩 투숙시키는 곳에서 자기가 두 사람 몫을 내고 혼자 자기는 했다고 한다. 그 고생을 하며 자신의 연구에 매진하고 있는 동생이 기특하였다. 우연히도 동생은 당시 우리를 시안까지 수행한 주중 대사관의 김하중 공사(후에 주중대사 역임)와는 대학 동기 동창이어서 두 사람이 반갑게 만나기도 하였다.

우리 일행은 당시 섬서성 성장(省長)의 만찬 초대를 받았는데 우리 측 참석자들은 물론이고 중국 측 인사들조차 모두들 양복에 넥타이 차림이었으나 동생 혼자만이 마오 수트 차림이었다. 당시 섬서성의 인구가 6,000만이라니 이 성장은 대한민국보다 더 큰 나라의 수장(首長)인 셈이었다. 중국어가 유창한 동생은 만찬에서 중국 고대 문화에 관한 화제(話題)로 참석자 모두에게 깊은 인상을 남겼다.

섬서성 시안 근교의 화청지에서, 동생 이성규 교수와 함께

스칸디나비아 삼국 순방

한국 외무 장관으로는 처음으로 남편은 1994년 8월 12일부터 22일까지 스웨덴, 핀란드, 노르웨이 세 나라를 연쇄 방문하는 일정을 갖게 되었다. 우리의 일정은 우선 파리로 가서 그곳에서 비행기를 갈아타고 첫 번째 방문국인 노르웨이의 오슬로로 향하는 것이었다. 파리 숙소에서 비행장으로 가는 길에 나는 우리 일행에게 라데팡스(La Defence 파리 교외의 신도시)에 들르자고 제의하였다. 마침 방향이 크게 다르지 않았고 시간도 넉넉하여 무리 없이 들러서 이곳의 중심 건물인 신개선문(La Grande Arche)을 보게 되었다.

파리의 중심가와는 매우 다른 현대식 건물로 가득한 이 신도시에 관해서는 나의 책『내가 본 세계의 건축』에 소개하였다. 그러나 그 사진들은 이때 찍은 것들이 아니고 후에 남편이 혼자 파리에 갔을 때 찍은 것들이다. 나의 '미술사 카메라맨'인 남편은 장관 시절에는 카메라를 가지고 다니지 않았다. 우리 일행 중에 아무도 카메라를 가지고 있지 않아 할 수 없이 김재신 비서관이 근처에 있던 독일인 관광객에게 우리 사진을 좀 찍어 달라고 부탁하였다. 핸드폰 사진이 흔한 요즈음과 매우 다른 4반 세기 전의 일이다. 그 고마운 독일인 관광객이 찍어 서울의 장관실로 우송해 준 사진을 한 장 싣는다.

노르웨이의 오슬로

오슬로 비행장에 내리자 마중 나온 노르웨이 외무부에서는 나에

라 데팡스에서 우리 내외와 김재신 비서관. 1994년 8월.

노르웨이 영빈관의 그랜드 피아노 앞에서

게 동그랗고 조그만 꽃다발을 주었다. 미국이나 우리나라보다 꽃다발을 많이 주고받는 것이 유럽 문화인지 음악회장에서도 이 풍습을 늘 볼 수 있었다. 우리가 안내받은 영빈관은 오래된 목조건축이었는데 그곳의 외무부에서는 건물이 낡았다고 미안해하는 것이었다. 그러나 나는 전통 유럽풍의 서재, 거실, 식당, 침실 등이 갖추어진 그 건물이 너무나 좋았다. 우리의 거처 위층에는 연회장이 있었고 그곳의 부드러운 갈색 그랜드 피아노 앞에 앉아 보기도 하였다.

이 연회장에서 저녁때 외교부 장관 주최 만찬이 있었다. 이때 접하게 된 전통 유럽식 격식을 갖춘 테이블 세팅을 나는 지금도 잊지 않고 집에서 해 본다. 침실의 연분홍색 커튼이 묵직하게 늘어지는 것을 보고 가까이 가 보니 두툼하게 솜까지 둔 비단 커튼이었다.

낮에는 온종일 일정이 꽉 짜여 있었으므로 영빈관의 아름다운 서재를 즐길 시간이 없었다. 고색이 창연한 서재의 책상, 독서용 안락의자, 그리고 벽에는 요소요소에 촛대 모양의 조명기구가 설치

1994년 8월 16일 노르웨이 외상 주최 만찬

노르웨이 영빈관 서재에서

되어 은은한 분위기를 더해 주었다. 어느 날 밤 나는 자다가 일어나 두어 시간을 그 책상 앞에도 앉아 보고, 안락의자에서도 책을 읽는 시늉을 해 보며 나만의 시간을 즐겨 보았다. 이런 분위기를 맛보기 위해서는 잠을 조금 희생해도 좋았다고 생각한다.

남편이 정부 인사들과 회담을 갖는 동안 우리를 자국으로 에스 코트해 온 당시 주한 노르웨이 군나르 린드만(Gunnar Lindeman) 대사 부인은 나를 오슬로 북쪽 교외에 위치한 홀멘콜렌 스키 점프대 (Holmenkollen Ski Jump Tower)로 안내해 주었다.

이 스키 점프대는 1892년 세계 최초로 만들어진 것이라고 소개해 주었는데 나는 주변의 맑은 하늘과 아름다운 경치에 매료되었을 뿐 스키 점프대가 무엇을 하는 곳인지 알 수 없었으므로 그런가 보다 하고 보았을 뿐이다. 2018년 동계 올림픽을 위해 우리나라 최초로 평창에 건립된 스키 점프 뉴스를 보며 우리보다 120년가량 앞서 건립된 홀멘콜렌 스키 점프대를 덤덤히 보았던 당시의 '무식한' 나를 떠올린다. 대사 부인은 그 밖에도 시내의 여러 명소를 동

홀멘콜렌 스키 점프대

군나르 린드만 노르웨이 대사 부인과

행해 주었다.

　오슬로에는 아름다운 시청 내부(노벨 평화상 시상식이 열리는 곳), 오슬로 미술관, 뭉크 박물관 등 볼 것이 정말 많았다. 다행히 나는 1980년대 말에 국제정치학회 총회에 참석하는 남편을 따라 한 번 이곳에 와서 보았으므로 그 당시 가 본 뭉크(Edvard Munch) 박물관은 잠시 둘러보고 그 대신 우리 일행과 더불어 바이킹 박물관(Vikingskipshuest)을 방문하기로 하였다. 노르웨이 부근 피오르에서 발굴한 세 척의 배를 중심으로 이루어진 박물관으로 그 가운데 가장 큰 배인 오제베르크(Oseberg) 선과 같이 수장(水葬)되었던 유물들에 관해서는 서양 중세미술사 시간에 많이 배운 것들이다. 이들은 대개 9세기 초기의 것으로 추정되어 미술사적 가치가 매우 높은 것들이다. 나뿐만 아니라 우리 일행 모두에게 매우 흥미로운 박물관이었고 외무부에서 주선해 준 안내도 매우 좋았다.

바이킹 박물관 내 오제베르크 선

스웨덴의 수도 스톡홀름

다음 행선지인 스톡홀름까지는 비행기로 이동하였고 2박의 매우 짧은 일정을 보냈다. 이 도시는 발트해와 몰라렌 호수(Lake Mälaren)가 만나는 곳에 14개의 섬으로 이루어진 아름다운 항구이다. 수많은 미술관과 박물관, 기타 볼거리가 많은 곳인데 이때는 시간이 많지 않아 이곳의 유명한 동양미술 박물관(Museum of Far Eastern Antiquities)을 우선 보았다. 스웨덴은 일찍부터 동양미술에 관심을 갖고 유명한 중국미술사학자들을 다수 배출한 나라이다. 미국에서 중국미술사를 처음 공부하면서 읽던 *Chinese Painting: Leading Masters and Principles* (7 vols. 1956)의 저자 시렌(Osvald Sirén)이 그 대표적인 인물이다. 1926년에는 고고학에 관심이 많았던 황태자 아돌프(후의 국왕 구스타프 6세)가 우리나라 경주 서봉총(瑞鳳塚) 고분 발굴에 참여하기도 하였다.

남편이 칼 구스타프(Carl Gustaf) 16세 국왕을 접견하는 일정이 있다고 하여 나도 같이 가는 것으로 생각했으나 의외로 외무 장관 혼자만 가는 것이라고 하여 약간 실망스러웠다. 왕궁과 왕족의 생활을 엿볼 기회가 없어

한스 그론웰 주한 스웨덴 대사 내외와 함께

진 것이다. 스웨덴 외교부 장관 주최 만찬도 우리 숙소인 그랜드 호텔(Grand Hotel)에서 개최되었다. 그 대신 나는 한스 그론웰(Hans Gronwall) 주한 스웨덴 대사 내외와 요트를 타고 아름다운 헬싱키 연안을 관광할 기회를 가졌다.

국왕 예방이 끝난 후 우리 일행은 이 나라의 자랑인 바사 박물관(Vasa Museum)을 방문하였다. 300년 넘게(1628~1961) 바다 밑에 가라앉아 있던 스웨덴의 전함(戰艦) 바사의 역사, 이 배를 인양해서 물과 진흙은 모두 제거하여 복원한 과정, 그 안을 장식하고 있는 많은 조각 등 믿기지 않는 설명을 들으며 배 안의 여기저기를 살펴보았다. 17세기 스웨덴의 강력한 해군의 상징물이 이처럼 '살아' 돌아왔으니 자랑도 할 만하다고 생각하였다.

바사 박물관의 스웨덴 전함

바사 전함이 어떻게 기울어져 침몰하였나를 추측하는 실험

바사 박물관에서 설명을 듣는 우리 일행

그 후 나는 1998년에 UNESCO 관련 회의 참석차 다시 이곳을 방문하였을 때 더 많은 곳을 둘러볼 수 있었다. 그해 2월에 새롭게 개관된 라파엘 모네오(Rafael Moneo)가 설계한 스톡홀름 현대미술관과 '숲속의 묘지(Skogkyrkogarden)'에 관한 글을 『내가 본 세계의 건축』에 실었다.

스톡홀름에서 핀란드의 헬싱키까지 우리 일행은 크루즈 배로 이동하기로 하고 오후 6시에 출발하는 실야 라인(Silja Line) 배에 올랐다. 해가 늦게까지 지지 않는 북유럽의 여름이므로 늦은 시간까지 두 수도 사이 바다의 절경인 다도해를 감상할 수 있었다. 이때의 크루즈 경험은 짧았지만 나에게는 처음이자 유일한 크루즈가 되었다. 날이 어둡지는 않았지만 다음 날을 위해 선실에 들어가 편히 쉬고 다음 날(8월 19일) 아침 8시 30분에 헬싱키에 도착하였다.

핀란드의 수도 헬싱키

우리를 마중 나온 핀란드 외무부 여자 의전장(儀典長)은 젊지는 않지만 매우 미모인 데다가 날씬하고 옷은 일류 패션모델처럼 밝고 아름다운 색상으로 입었다. 언젠가 누가 나에게 "장관 사모님 피복비(被服費)는 나와요?"라는 엉뚱한 질문을 한 것을 떠올리며 이 나라의 의전장은 피복비가 따로 나오는 모양이구나 생각하며 혼자 웃었다.

핀란드는 현대건축의 나라이다. 나는 유학 시절 뉴욕의 케네디 공항을 지날 때마다 그곳의 TWA 터미널(1957)의 아름다운 모습에 매료되었는데 이 건물은 핀란드 현대건축의 아버지 격인 사리넨 (Eero Saarinen 1910~1961)의 당시로서는 매우 미래지향적인 건축이었다. 그 자신은 미국 시민이 되어 미국 여러 도시에 이정표적인 건물을 많이 지었다. 그러므로 헬싱키에서는 그의 작품을 보지 못했다.

그 대신 그의 부친의 작품을 볼 수 있었다. 그는 한 세대 전에 아르누보(Art Nouveau) 건축가로 유명하였던 엘리엘 사리넨(Eliel Saarinen 1873~1950)이며 그와 그의 동료들이 지은 스튜디오와 주

실야 라인 심포니 크루즈 선

실야 라인 심포니 선상에서 (스톡홀름-헬싱키, 1994년 8월)

거를 겸한 건물이 비트레스크 박물관(Hvitträsk Museum)이다. 헬싱키 교외의 아름다운 비트레스크 화이트 레이크(Hvitträsk, White Lake) 호숫가에 자리한 이곳의 내부는 정말로 아기자기하면서도 편리하게 지어졌으며 구석구석의 디자인들은 아르누보 예술가의 집답게 곡선적 문양에 화려한 색채를 보인다. 화장실의 타일도 화려한 꽃 문양을 하고 있었다.

이 박물관을 보기 전에 국립 미술관도 보았는데 핀란드 외무부 여직원이 나에게 내가 미술사학자인 것은 아는데, 미술관도 좋으나 자기 나라의 현대 디자인으로 유명한 마리메코(Marimekko) 제품들을 볼 수 있는 백화점에도 가자고 하였다. 그때까지 나는 이 디자인 제품들에 대해 전혀 모르고 있었지만 한번 가 보기로 하였다. 그녀는 또 그 해의 검정색이 매우 독특하게 나왔다며 나에게 검정 니트 제품을 권하였다. 이 나라 사람들 기준으로 만든 옷이라 제일 작은 사이즈도 내게는 좀 컸지만 할 수 없이 한 벌을 사왔다. 2003~2004년 남편의 주미대사 시절 매사추세츠 애비뉴(Massachusetts Ave.)에 우리 대사관 반대편에 있던 핀란드 대사관에서 마리메코 전시회가 있어서 마리메코와의 첫 만남을 회상하며 화려한 색상의 제품들을 즐겁게 보았다.

그다음 날(8월 20일)에는 1969년에 완성되었다는 이색적인 템펠리아우키오(Temppeliaukio) 암석 교회를 방문하였다.

거대한 바위를 뚫고 지어진 이 건물은 돔(dome) 위에 뚫린 부챗

암석 교회에서

살 모양의 수많은 가느다란 창들로부터 들어오는 신비스러운 광선
이 교회 안을 밝혀 준다. 실제로 그 안에 들어가 빛과 공간을 경험
하지 않고는 그 느낌을 전달받기 어렵다. 이 '신비의 공간'은 오래
도록 나의 머릿속 '이미지 창고'에 간직되어 있다. 그 밖에도 알바
알토(Alvar Aalto 1898~1976)의 설계로 세네트(Senate) 광장에 지어
진 이 나라의 간판 작곡가 시벨리우스(Jean Sibelius 1865~1957)를
기리는 음악당인 핀란디아 홀(Finlandia Hall), 시벨리우스 공원, 국

회의사당 등을 훑어보는 건축 기행은 정말 즐거웠다.

 이 나라의 영빈관은 숲속에 지어진 매우 현대적인 목조건물이었다. 숲의 아름다움을 실내로 끌어들이는 많은 유리창과 유리 벽, 첨단 시설들을 모두 갖춘 이곳에서 나는 주거 건축에 관한 많은 아이디어를 얻어 가지고 왔다. 이 가운데 몇 가지를 당시 리모델링을 생각했던 한남동 장관 공관 화장실에 적용하려고 하였으나 실제로 이루어지지 않은 것이 많았다. 당시에는 나의 아이디어와 견문 등을 반영하여 설계한 집을 언젠가는 지을 수 있을 것이라는 막연한 기대감이 있었으나 그 기회를 아직 갖지 못하여 이들은 모두 나의 뇌리에 저장된 채 남아 있다.

1994년 8월 20일 시벨리우스 공원

베를린과 암스테르담

핀란드 일정을 마친 우리 일행은 베를린에서 있을 남편의 세계
국제정치학회(IPSA) 오찬 연설을 위하여 8월 20일 오후 프랑크푸르
트를 경유하여 오후 늦게 베를린에 도착하였다. 다음 날 남편은 아
침부터 기자 간담회, TV 인터뷰에 IPSA 오찬 연설까지 꽉 짜인 일
정이었지만 나는 그동안의 금쪽같은 시간을 이용하여 페르가몬 박
물관(Pergamon Museum)을 방문하였다.

이 박물관의 이름은 헬레니스틱(Hellenistic) 시대의 제단인 페르
가몬 제단(Pergamon Altar)에서 온 것이며 기타 바빌로니아의 이슈
타르 문(Ishtar Gate), 로마 시대의 밀레투스 시장 문(Miletus Market
Gate) 등 많은 고대 건축물들을 현지에서 그대로 떼어내어 이 박물
관 안에 재조립해 놓은 것들이다. 같은 날 오후 서울행 비행기를 타
러 우리는 암스테르담으로 이동하였다.

이렇게 하여 결국 우리의 유럽 여행 마지막 경유지는 운하(canal)

베를린 페르가몬 박물
관 내 로마시대 유적 밀
레투스 시장 문 앞에서

와 다리로 연결된 '섬의 도시' 암스테르담이 되었다. 이 독특한 도시는 우리가 한국행 비행기를 갈아타기 위해 잠시 들렀을 뿐이므로 간단한 식사 후에 공항으로 이동하기 바로 전에 배를 잠시 타고 운하를 지나가 본 것으로 만족해야 했다.

한국의 외무 장관으로는 처음 스칸디나비아 삼국을 방문한 남편은 이 지역에 한국 외교의 '존재감'을 알리는 데 큰 역할을 한 셈이다. 장관직에서 물러난 후 그는 스웨덴 전 총리가 이끄는 '르완다 인종학살 진상조사위원회'에 참여하기도 하였고 지구상 또 다른 분단국인 지중해의 섬나라 키프로스(Cyprus)에 UN 사무총장 특별대표로 파견되어 국제무대에서 한국 외교관의 위상을 부각시키는 데 일조하였다.

후기(後記): 남편 퇴임 후 중국과 이스라엘 초청 방문

남편이 외무 장관직을 사임한 1994년 말 이후 중국과 이스라엘 두 나라에서 우리 내외를 공식으로 초청해 주었다. 중국 정부에서는 자국의 외교 관례상 초청하였다고 했고, 이스라엘에서는 남편 재임 시 한국과 이스라엘 간 직항로가 재개된 데 대한 감사의 표시라고 하였다. 기본적으로 두 나라 모두 우리를 위한 환영 만찬 이외의 특별한 공식 행사를 마련하지 않은 채 우리 내외가 가고 싶은 곳을 갈 수 있도록 편의를 제공해 주었다.

남편은 고려대 교수로 다시 복직하여 바쁜 나날을 보냈으므로

1995년 11월이 되어서야 중국의 매우 호의적인 방문 초청을 수락하였다. 박사과정에서 중국미술사를 전공하였고 당시에도 대학원에서 중국미술사 강의를 맡고 있는 나로서는 이보다 더 큰 선물이 없었다. 남편에게 나는 그때까지 보고 싶기는 했으나 너무 멀어서 엄두가 나지 않았던 감숙성(甘肅省) 둔황(敦煌)의 막고굴(莫高窟)에 갈 것을 제의하여 그의 수락을 얻었다. 당시만 해도 지금처럼 여행사를 통해 사람들이 먼 곳까지 단체 여행을 하는 일이 없을 때였다.

1995년 10월 30일 우리는 북경에서 첸치천 외교부 장관 내외가 주최하는 만찬에 참석하고 시안을 거쳐 비행기로 둔황으로 갈 생각이었다. 그러나 시안에서 둔황까지 직항은 실크로드 여행 성수기에만 있으며 10월 30일이 마지막 날이라는 것을 알게 되었다. 결국 우리는 직항 대신 제일황하교(第一 黃河橋)가 있는 란저우(蘭州)라는 도시를 거쳐 가게 되었는데 이것은 나에게는 큰 행운이었다. 란저우시는 독특한 사막 지형에 위치하여 나지막한 산들은 대부분 흙이 노출된 채 나무라고는 거의 볼 수 없고 짧은 풀들이 자라고 있어 멀리서 보면 소들이 쭈그리고 앉아 있는 형상으로 보인다. 이 도시에서 뜻밖에도 나는 '사막 속의 보배'라고 할 수 있는 감숙성 박물관을 처음으로 방문하게 된 것이다. 이 박물관은 원래 1939년에 과학교육기관으로 설립된 종합박물관으로 지금도 당시의 설립 취지를 지켜 소장품의 약 3분의 1에 해당하는 과학자료도 포함되어 있다. 약 5만여 점에 달하는 역사문화유물 가운데 중국미술사 강의에는 필수적으로 등장하는 두 가지만 소개한다.

첫째는 황하 중류 일대에서 다량 출토된 신석기시대 앙소문화(仰韶文化)의 채도(彩陶)이며 기본적으로 붉은색 토기 표면에 검은색 흙으로 여러 가지 문양이 그려진 것들이다. 이들은 다시 여러 지방 양식을 보여 준다. 이 둥근 사발은 허난성의 묘저구(廟底溝) 유적 출토품으로 부드러운 그릇 모양과 잘 어울리는 곡선적 문양이 돋보인다.

다른 하나는 한대(漢代)의 유물로 감숙성 무위(武威)시의 후한시대(기원후 2세기경) 뇌대(雷臺) 묘에서 출토된 공중을 나는 듯 달리는 청동제 말 조각이다. 뒷발 하나는 날아가는 제비를 밟고 있는 형상이니[馬踏飛燕] 속도감을 그 이상 더 잘 나타낼 수 없을 것이다. 그 밖에도 책에서만 보던 여러 가지 유물들을 많이 접하게 되어 나는 뜻밖의 만족감과 황홀감을 만끽했다.

이제 우리는 본래의 목적지인 둔황으로 향하였다. 중국은 원래 다섯 개의 시간대로 나뉠 만큼 나라의 폭이 크지만 모두 북경 시간

허난성 묘저구 유적 출토 채도

공중을 나는 말

에 맞추어 생활하므로 감숙-
사천성 시간대에 위치한 둔황
은 11월 초에 아침 8시라도 아
직 깜깜하였다. 둔황에 가기 전
에 나는 그 많은 막고굴 가운데
중국회화사 강의에서 이정표
격인 당대(唐代) 벽화가 있는
굴 번호를 적어 가지고 갔다.

우리를 안내해 준 둔황의
외사판공실 직원들은 먼저 우

둔황 막고굴 앞에서

리에게 통상적으로 관광객들에게 개방하는 여러 개의 굴을 보여
주었다. 나는 처음에 무엇을 보여 주는지 몰랐으므로 가만히 기다
려 보았으나 내가 원하는 217굴이나 103굴들은 끝내 나오지 않
았다. 할 수 없이 내가 적어온 굴 번호를 그들에게 보여 주니 직원
들은 매우 곤란하다는 표정을 짓고 그 굴들은 '특굴(特窟)'로 지정
되어 있으며 각 굴마다 1인당 100달러씩을 내야 들어갈 수 있다
고 알려 주었다. 이처럼 오기 힘든 둔황에 중국 외교부 초청으로 모
든 비용을 제공 받고 온 마당에 두 개의 특굴을 보는 데 200불을 내
는 것이 아깝지 않게 생각되어 판공실 직원들에게 나 혼자만 들어
가겠다고 우선 100불을 내기로 하고 제 103굴의 〈유마힐 維摩詰
Vimalakirti〉 벽화를 보러 들어갔다.

이 벽화는 비수(肥瘦)의 변화, 즉 먹선의 굵고 가는 변화를 통하여 인물의 윤곽선뿐만 아니라 입체감까지 표현한 8세기 중엽 동양 인물화의 최고봉을 보여 주는 것이다. 다른 하나는 제217굴의 〈아미타불의 서방정토 西方淨土〉를 청록(靑綠)산수 기법으로 묘사한 것으로 화면의 중심에 정좌(正坐)한 아미타불로부터 점차 멀어져 가는 공간

둔황 제103굴의 〈유마힐〉. 8세기 중엽.

감이 매우 그럴듯하게 묘사된 벽화이다. 중국이 17세기에 서양화

둔황 제217굴의 〈아미타불의 서방정토〉. 8세기 중엽.

법을 도입하기 전에 이처럼 공간감을 성공적으로 표현할 수 있었다는 것을 증명하는 중요한 그림이다.

그 밖에 우리는 둔황의 명소인 명사산(鳴沙山)을 찾아갔다. 글자 그대로 바람이 불면 울음소리를 내는 듯한 암반 위에 모래가 뒤덮인 거대한 산이다. 전체 면적이 약 800평방킬로미터가 되지만 산은 구릉 모양으로 과히 높지 않아 관광 철에는 사람들에게 썰매를 제공해 준다는데 우리는 철이 지나 아무도 없을 때 갔으므로 완만한 계단을 타고 올라간 남편은 어린애처럼 그냥 앉아서 미끄럼 타듯 내려왔다. 이처럼 즐거운 여행은 드물었다.

이스라엘에도 언제든지 우리가 갈 수 있을 때 일주일을 초청해 주겠다는 약속을 받아놓은 상태였으나 남편의 바쁜 일정으로 기회를 만들지 못하고 있었다. 그는 1995년 4월부터 'UN 사무총장

둔황 부근 명사산에서 모래 썰매 타기

특별대표'라는 직함으로 지구상 또 다른 분단국인 키프로스 문제를 다루는 일을 맡게 되었다. 고려대 교수직을 유지한 채 맡은 직책이었는데 잦은 해외여행을 요구하는 일이었고 아무래도 단시일 내에 해결될 일이 아님을 깨달은 그는 일 년 후 1996년 5월에 사임하였다. 남편이 이때 마지막으로 키프로스를 방문하고 바로 그 옆에 있는 이스라엘도 이 기회에 가겠다고 하여 나도 직장에서 휴가를 얻어 처음으로 키프로스와 이스라엘을 동시에 방문할 기회를 갖게 되었다. 이때 필자의 여행기록인 '키프로스 섬의 세계문화유산'이라는 글과 이스라엘의 '성분묘교회 Church of the Holy Sepulcher'라는 글을 『내가 본 세계의 건축』에 출판하였고 이들은 현재 NAVER에서 검색할 수 있게 되어 있다. 그러므로 대부분 생략한다. 여기 싣는 사진은 우리가 키프로스 섬에서 비행장으로 가는 길에 조그마한 비잔틴 양식 교회에 들렀을 때 그 교회의 사제와 함께 찍은 것이다.

니코시아 비행장 가는 길에 있던 비잔틴 양식 교회에서 사제와 함께

예루살렘은 유태교, 기독교, 그리고 회교의 가장 중요한 성지로 세계 여러 나라

사람들의 성지순례가 계속 이어지는 곳이다. 필자는 이화여고를 다니는 동안 성경 시간이나 자주 부른 찬송가에 요단강이 많이 나온 것을 기억하며 이때 처음 가 본 요단강에서 남다른 감회를 갖게 된 것 같다. 겟세마네(Gethsemane, 올리브유를 짜는 틀) 동산 역시 예수가 잡혀서 십자가에 매달리기 전에 마지막으로 고뇌하며 기도했던 장소였으므로 예루살렘 성벽 밖으로 일부러 나가 그곳으로부터 성분묘교회, 즉 예수의 무덤을 품고 있는 교회로 가는 '십자가의 길 (Via Dolorosa)'을 따라가 보았다.

전통적으로 14단계로 나뉘는 이 십자가의 길 주변은 현재 회교도가 차지하고 있는 좁고 어두운 길이다. 이 길에는 사실과 전설이

성분묘교회 (Church of the Holy Sepulcher)

성분묘교회 안의 도유석

뒤섞인 이야기에 따라 매 장소(station)마다 조그만 교회가 있다. 열
네 단계 가운데 마지막 다섯 단계는 성분묘교회 안에 있다. 이 교회
의 처음 건립 연대는 4세기까지 거슬러 올라가며 그 후 몇 번의 재
건을 거쳐 현재의 로마네스크 양식을 보여 준다. 현재 기독교의 각
기 다른 네 종파들(Coptic, Armenian, Greek Orthodox, Franciscan)이
차지하고 있다.

　　교회 내부의 각기 다른 종파가 차려놓은 색다른 장식의 제단, 여
러 사람들이 사용하는 도유석(塗油石), 그 앞에서 기도하거나 탈지
면에 기름을 묻혀 다시 짜서 자신이 가져온 기름병에 넣는 사람들
의 모습도 신기하였다. 이렇게 짜서 모은 기름을 자신들의 임종 시

도유식(塗油式)에 사용한다고 한다.

이 교회 안의 그 밖의 여러 장면들은 보는 사람들로 하여금 기독교 교인이건 아니건 말할 수 없는 감동을 안겨 준다.

이처럼 남편이 장관직을 떠난 후 중국과 이스라엘 여행은 미술사학도인 나에게 가장 마음 편하고 유익한 여행이 되었다. 이들 나라의 '외교 관행'을 우리 외교부도 조금이라도 도입할 수 있을 만큼 이제 우리나라도 경제적 여유도 생겼고 자랑할 만한 국립박물관과 기타 문화유적지도 잘 정비되어 있다. 이런 관행이 자국의 문화외교에 기여하는 바가 클 것이라고 생각된다.

IV

부록

나의 학생시절과 우리 가족

나의
학생시절

미술대학 시절

UCLA 미술대학에 다니는 손자로부터 최근에 할머니는 왜 미술
대학에 가게 되었느냐는 질문을 받고 새삼스럽게 그 이유를 생각
해 보았다. 우리 집안에서 막내 삼촌이 경기고등학교 시절 미술반
에 들어가 그림을 잘 그린 것을 빼고는 부모님 두 분 모두 미술과
거리가 먼 역사학, 국어학을 전공하셨으니 내가 왜 미술대학을 택
했는가는 생각해 볼 문제였다. 손자에게는 우선 생각나는 대로 내
가 국민학교 시절 외부 사생(寫生) 경연 대회, 즉 경치를 보고 그리
는 대회에 나가면 곧잘 특선을 해서 내가 다니던 삼청국민학교 선생
님들을 즐겁게 해 드렸다고 말해 주었다. 나 자신도 그림 그리는 것
이 즐겁기도 해서 고등학교 시절에는 아예 미술반에 들었다.

그러나 당시 고등학교 미술반에서는 대학 입시 위주의 교육이라 주로 그리스나 로마 조각의 모조품 석고 두상(頭像 Venus, Apollo, Seneca, Laocoön 등)을 목탄을 사용하여 스케치 하는 연습을 하거나(이때 지우개로는 하얀 식빵을 사용하였음) 정물(靜物) 수채화나 유화를 가끔씩 해 본 것이 전부였다. 당시 우리 미술반 지도 선생님은 우리나라 서양화가 가운데 파리 유학 일세대로 유명한 김흥수(1919~2014) 화백이었다. 지금 기억에 그분은 학생 지도와는 거리가 멀게 개성이 너무 강한 분이었다. 재미있는 일은, 1983년에 내가 미술사 전공 교수로 덕성여자대학교에 취임했을 때 그분은 서양화과 교수로 계셔서 우리는 사제지간에서 동료 교수로 관계가 크게 바뀌었고 그분도 이화여고 미술반 시절 보았던 불같은 성격은 볼 수 없이 대학교수 생활에 잘 적응하고 계셨다.

서울대학교 미술대학의 당시 커리큘럼은 매우 경직되게 짜여 있어 회화과(繪畫科)로 입학한 나는 꽉 짜인 실기 시간 때문에 좀 해 보고 싶었던 디자인 과목을 택할 수가 없었다. 지금은 아예 입학할 때부터 동양화과 또는 서양화과로 입학하지만 당시에는 3학년까지는 동양화, 서양화, 판화(목판, 실크 스크린), 조소(彫塑), 사진, 서예 등 조금씩 해 본 후 4학년 때 동양화, 또는 서양화 전공을 선택하게 되어 있다. 집에서 화실을 차려 놓고 그림 그릴 만큼 여유 있는 학생들이 거의 없었던 당시에는 원로 화가들이 시내에 화실을 차려 놓고 젊은 화가를 고용하여 대학생들의 방과 후 그림 공부할 여건을 마련해 주었다.

　나는 방과 후에는 같은 과 친구들과 안국동에 있던 서양화가 도
상봉(1902~1977) 선생의 화실로 가서 늦게까지 그림 공부를 열심히
하였다. 이 화실에는 도상봉 화백은 모습을 드러낸 적이 거의 없었
고 젊은 홍익대 출신 청년 박서보(1931~)에게 모든 것을 맡겨 자율
적으로 운영하였다. 그는 반(反) 국전운동을 펼칠 만큼 개성이 강했
고 당시 유럽에서 유행한 앵포르멜(Informel, 不定形) 운동을 한국
현대미술에 도입한 것으로 유명하다.

　나를 미술대학에 보내기는 하셨으나 아버지께서는 나의 거친 필
치와 강렬한 색채로 채워진 그림을 매우 못마땅해하시며 "너는 왜
김인승(1910~2001) 화백처
럼 사실적인 그림을 그릴
줄 모르느냐?"고 나무라
셨다. 당시 미술대학 학생
들은 나뿐만 아니라 대부
분 독일 표현주의나 야수
파(fauvism) 화풍을 '흉내'
내 보기를 좋아했지 김인
승 화백의 그림 같은 것은
진부한 것으로 간주하였
다. 〈모델〉이라고 이름 붙

국전 입선작 〈모델〉, 1960년

인 나의 국선 입선작도 대담한 생략과 표현력이 강한 그림이었다. 이 그림의 캔버스 이야기는 지금 학생들에게는 딴 세상의 이야기일 것이다.

당시에 필자를 포함한 많은 화학도(畫學徒)들이 비싼 유화용 캔버스를 사서 쓰는 대신 각자가 재량껏 만들어 사용하였다. 동대문시장에 가서 미 군용 모래 포대를 사다가 실을 뜯어 평면으로 만들고 그리고자 하는 크기에 따라 재봉틀로 이어 큰 헝겊을 만드는 일까지는 필자의 몫이었다. 목공소에 가서 각목을 사다가 톱질과 못질로 틀을 만든 다음 이어 놓은 모래 포대 감을 팽팽하게 틀에 입히고

명동 거리에서의 스냅사진

그 위에 아교와 흰 페인트칠을 하는 것은 나의 애인인 당시 서울대 문리대 외교학과 학생 한승주의 몫이었다. 이렇게 하여 만들어진 캔버스에 그린 것이 바로 이 그림이며 현재는 서울의 김달진 미술자료박물관에 보관되어 있다. 그는 나와 만나서 다닐 때는 항상 나의 두꺼운

알루미늄으로 만들어진 대형 유화 안료 통이나 스케치북을 들어 주었다. 한번은 자취를 감춘 지 오래된 거리의 스냅사진사가 명동에서 우리의 걸어가는 모습을 포착하였다. 우리들 한참 뒤로 보이는 아주 머니 한 분의 한복차림을 보면 이 사진의 시대를 알 수 있다.

선친의 친구이기도 하셨던 고(故) 장욱진 화백의 강의를 같이 들었던 학우(學友) 손혜영과 임숙희, 그리고 필자는 장 교수님과 더불어 동숭동 막걸릿집에서 노란 양은 주전자에서 막걸리를 따라 사제지간의 격식을 차릴 것도 없이 같이 한잔하기도 하였다. 우리들의 그림에 어울리는 분위기라고 자부하면서! 이렇게 즐겼다면 즐겼다고 할 수도 있는 나의 미술대학 시절에 나를 항상 괴롭게 했던 것은 그 비싼 일제 홀바인(Holbein) 유화 안료였다. 육 남매의 둘째인 내가 과연 다른 형제자매들보다 훨씬 많은 '교재비'를 부모님께 요구할 권리가 있을까?

대학시절 아방가르드를 자칭하였으나 대학 졸업 후 그림 그리기를 접고 미국 유학 시절부터는 미술사를 공부하여 오늘에 이른 필자에게 뜻밖의 일이 있었다. 다름이 아니라 1987년에 뉴욕 현대미술관(MOMA)에서 'Berlinart 1961-1987' 전을 관람하게 된 것이었다. 이 전시를 보며 대학 시절의 우리는 멀리 베를린에서 어떤 그림들이 그려지는지 알지도 못했으면서 그 그림들과 매우 유사한 분위기의 그림을 그렸던 것을 알게 되었다. 얼마나 신기하고 반가웠는지!

유학시절과
우리 가족

미국에서의 첫 학기

1963년 2월, 나는 난생처음으로 부모님 곁을 떠나 미국 유학길에 올랐다. 마침 동경에서 한일회담의 문화재 부문 협상에 참여하고 계셨던 아버지와 하루를 동경의 제국 호텔에서 묵었지만 결국 나의 등을 두드려 주시며 떠나보내시는 아버지 앞에서 많은 눈물을 흘렸다.

뉴햄프셔 주립대학(University of New Hampshire)의 정치학과로 한 학기 먼저 간 약혼자의 뒤를 따라 나도 사학과 석사과정으로 입학하여 눈이 무척 많이 쌓인 덜함(Durham)이라는 조그마한 대학도시에 도착하였다. 미술사 공부를 염두에 두었으나 미술사학과가 없는 이 대학에서 나는 역사 공부로 미술사의 배경 이해를 넓히는 작업, 그리고 그 얼마 전(1960) 새로 지었다는 이 대학의 폴 크리에이티브 아츠 센터(Paul Creative Arts Center)의 최신 장비가 있는 시청각 교실에서 서양미술사 강의를 듣는 것으로 나의 미술사를 향한 긴 여정을 시작하였다.

한국에서 영어로 강의를 들어 볼 기회가 없기는 하였지만, 이화여고 시절에는 영어 모의고사에서는 늘 전 학년에서 일, 이등을 했고 「Time」지나 영문 소설도 열심히 본답시고 들고 다녔다. 그러나 정작 노트 필기를 하며 영어 강의를 들으려니 알아듣는 것보다 놓치는 것이 더 많은 것이 아닌가! 더욱이 숙제가 무엇인지도 제대로 알아듣지 못한 채 교실을 떠난 적이 태반이었으니 크나큰 좌절감을 느끼며 매일같이 울다시피 한 학기를 지내야 했다. 지금 이름은 기억나지 않으나 한 미국인 남학생이 내 사정을 불쌍히 여겨 자신의 강의 노트를 매번 빌려주어 그것을 베껴가며 열심히 복습하여 낙제는 면할 수 있었던 것을 생각하면 그 학생이 고맙기 그지없다.

일상생활에서도 서투르지 않을 수 없었다. 방금 전에 마켓에서 사 온 우유를 따라 마시려고 하는데 시큼한 냄새가 코를 찌른다. 분명히 상한 우유를 샀구나 하고 서투른 영어로 마켓에 전화해서 바꾸러 가겠다고 했다. 그런데 그 점원이 나보고 우유 통에 혹시 '버터밀크(buttermilk)'라고 쓰여 있지 않느냐고 묻는 것이었다. 통을 들고 자세히 보니 과연 그렇게 쓰여 있어 그렇다고 하니 그러면 그게 상한 것이 아니고 시큼한 것이 버터밀크의 정상적인 냄새라고

한다. 후에 나는 버터밀크를 넣어 팬케이크도 해 먹을 줄 알게 되었
고 마켓에 가면 상품에 적혀 있는 정보를 좀 더 세심하게 들여다보
는 습관을 기르게 되었다.

객지에서의 결혼식

이렇게 나의 학창 시절 '가장 길게 느껴졌던' 미국에서의 첫 학기
가 지났다. 약혼자는 이때 이미 강의조교(teaching assistant)로 일하
며 학업을 잘 이끌어 나가고 있었다. 당시에 한국은 외화 부족으로
부부가 함께 유학 가는 것을 허락하지 않았으므로 홀어머님 밑에
무녀독남(無女獨男)인 그는 가족들 앞에서 약혼식만 치르고 미국
에 갔다. 내가 그 어려운 한 학기를 끝내고 6월에 우리 두 사람은 각
자의 교수님들과 몇 안 되는 동료들 앞에서 덜함의 작은 교회에서
결혼식을 올렸다. 드레스는 서울에서 어머니께서 보내 주셨고 나

1963년 6월 17일
결혼식

290

와 같은 기숙사에 머물던 터키 여학생 자난·아분둑(Janan Abunduk)
이 결혼식 날 나의 머리 꾸밈, 화장, 꽃 등 모든 준비를 해 주고 들
러리도 서 주었다. 나는 약혼자의 지도교수였던 홀든 박사님(Dr.
Holden)의 팔을 잡고 식장에 걸어 들어갔다. 화동은 이 교수님의 막
내 아드님 데이비드가 맡았다.

한국에서는 어떻게 하는지 모르지만, 당시 결혼 주례 목사님은
우리에게 예식의 예행연습(rehearsal)을 시키셨다. 아직도 현재진행
중인 나의 의궤 연구에서 조선시대 가례(嘉禮) 과정의 모든 단계를
세 번씩 예행연습 [삼도습의(三度習儀)]한다는 것을 알게 되니 그때
우리의 예행연습이 재미있게
기억된다.

피로연은 홀든 교수님 댁
에서 그 전날 사모님과 같
이 요리한 닭고기와 파스타
가 크림치즈와 어우러진 음
식(chicken casserole)으로 간
단하지만 화기애애하게 치
렀다. 41년 후 남편이 주미대
사를 역임하던 중 2004년 가
을 보스턴에서 개최된 미국
민주당 전당대회(Democratic

2004년 가을, 1963년 우리 부부가 결
혼식을 올렸던 덜함의 교회 앞에서

Convention)에 참석한 후 그곳에서 자동차로 약 한 시간 거리인 이 교회를 다시 찾아가니 감회가 새로웠다.

익숙해진 학교 공부와 미국 생활

두 번째 학기부터는 다른 학생들과 소통도 훨씬 수월해졌고 더 이상 남의 강의 노트를 빌려다 베낄 필요도 없게 되었다. 우리를 자주 초대해 주시는 교수님들 덕분에 미국 생활도 많이 배우게 되었다. 나는 그때 클래스의 모든 학생들에게 주어지는 읽기 숙제 (reading assignment) 이외에도 각 과목의 교수들을 찾아가 특별히 강의 이해에 도움이 될 수 있는 책들이 있나를 물어 그 책들까지 사서 열심히 읽었다. 그리고 모르는 단어들을 '단어 카드', 즉 2 x 5cm 정도 크기의 카드에 적고 뒷면에는 영영(英英), 영한(英韓)의 뜻풀이를 적어 한 무더기씩 주머니에 넣고 다니며 틈만 나면 외우고 다녔다.

이때부터 시작된 나의 외국어 단어 외우기는 UC 버클리(UC Berkeley)의 미술사 석사과정과 후에 프린스턴대학의 동양미술사 박사과정에 들어간 후 불어, 독일어, 중국어(고전과 현대어), 그리고 일본어까지 여러 외국어의 독해력을 키우는 데 필수적인 과정이 되었다. 미술사라는 학문이 19세기 후반에 독일에서 처음 발달되기 시작한 것이므로 1960년대만 해도 UC 버클리에서는 동, 서양 미술사 전공에 관계없이 독일어는 모든 학생들의 필수 과목이었다. 고등학교 시절에 불어를 선택했으니 독일어는 나에게 매우 생소하였다. 다행히 많은 대학원생들이 독일어 독해력을 필요로 했으므로 C. V. Pollard의 책(Key to German Translation: The Analytical Approach to German Translation Based upon the Capitalized Noun and Eleven Major Rules)으로 독일어를 가르치는 과목이 있어 이 과목을 통해 기본 문법, 문장구조의 특징 분석, 필요한 단어 외우기 등을 거치며 내가 읽어야 할 책이나 논문들을 '뜯어 읽기' 시작하였다.

나의 이러한 노력과 시간의 투자는 당시에 잠시 소용되었고 프린스턴대학에 가서 중국회화사 전공으로 박사 공부를 하게 되니 더 많은 시간을 한문 공부에 할애해야 하였다. 이때 나는 한국어, 영어, 중국어, 독일어, 네 언어들의 문장 구조 상호 간에 모종의 공통점을 발견하며 혼자 즐거워하기도 하였다.

그 후 독일어는 거의 사장(死藏)된 존재로 생각하고 있었으나 요즈음 은퇴 후 시작한 노래 공부를 통하여 많은 단어들이 신기하게 되살아나는 즐거움을 맛보고 있다. 내가 2007년 초부터 배우기 시작한 노래의 레퍼토리를 훑어보면 거의 반 정도가 독일어 노래(Lied)이기 때문이다. 같은 뜻이라도 독일어 원어로 부르면 시(詩)의 전체적인 분위기나 단어 하나하나의 철학적 의미가 더욱 심오하게 느껴지는 것은 나의 편견만은 아닐 것이다.

검소한 생활

유학 생활은 처음 해보는 미국 생활이라 모든 것이 신기했다. 미국 대학촌의 풍습대로 나는 저녁때 외출하시는 교수 댁에 가서 아기를 봐주는 일(babysitting)을 자주 하였다. 공부할 책을 들고 가서 대개 저녁 8시부터 12시까지 있는 것이다. 한 시간에 50센트, 네 시간이면 2불을 받았다. 매우 적은 돈 같지만 당시 우리 부부의 일주일 식비가 약 8불 정도였으므로 살림에 큰 도움이 되었다. 주말 낮에는 가끔씩 남편의 주임교수 댁에 가서 옷 다리는 일을 도와드렸는데, 그 사모님께서는 나에게 미국 생활의 많은 것을 잘 가르쳐 주셨다. 옷 다리는 일은 공부하며 할 수 없으므로 시간당 75센트를 주셨다. 매우 합리적으로 유학생들을 도와주는 일들이다.

남편이 석사학위를 먼저 마치고 UC 버클리에서 박사과정을 시작하였다. 나는 한 학기 늦게 시작했고 또 이듬해 태어난 아들 성원(成元 Charles Sungwon Han)을 돌보느라 석사과정을 반 정도 마친 상태에서 남편과 버클리로 이동해야 했다. 버클리에서는 학교 캠퍼스에서 6km 정도 떨어진 올바니(Albany)라는 곳에 있는 제2차대전 당시 군인들의 숙소로 쓰던 집들을 기혼 학생들의 아파트로 빌려주고 있었다. 부엌 겸 식당, 거실, 침실 두 개와 화장실이 있는 작은 공간이지만 월세가 40달러 정도여서 남편의 강의조교 월급으로 아무런 부담 없이 잘 지낼 수 있었다. 나는 처음 일 년은 대학원에 다시 입학하지 않고 집에서 육아와 살림, 내조 등으로 시간을 보냈다.

올바니 학생 촌의 여자들은 매우 똑똑하고 활동적이어서 자체 주간 신문을 내기도 하고, 또 스왑 숍(swap shop)이라는 것을 운영하였다. 요즈음 경제 뉴스에서 우리는 국가 간의 통화 스왑에 관한 기사를 읽을 수 있는데 이 경우 상대국에 수수료를 낸다고 한다. 그러나 이곳에서는 수수료 전혀 없이 자기 집에서 더 이상 필요하지 않은 물건들을 갖다 놓고, 필요한 물건을 가져다 쓴다. 모두들 비슷한 형편의 학생 가족들이 주로 작아서 더 이상 입히지 못하는 아이들 옷이나 학위 끝나면 좋은 직장을 얻어 떠날 때 두고 가는 가재도구 등이다. 처음 온 사람들에게는 매우 필요한 물건들이 무상으로 교환되고 있는 것이다. 처음 간 우리는 주로 가져다 쓰는 편이었다. 식기류, 아이 옷 등이 매우 쓸모 있고 좋았던 기억이 난다.

그런데 이 신기한 세상 이야기를 내가 시어머님께 편지로 말씀드렸더니 당신의 그토록 귀한 손자가 남이 입던 옷을 가져다 입는 것을 매우 서럽게 생각하시는 것이었다. 당시 미제 아기 옷들은 매우 튼튼하여 여러 번 돌려 입어도 빨면 새것이나 다름없어 우리는 가져온 옷이 아이에게 작아지면 스왑 숍으로 다시 가져다 놓고 좀 더 큰 옷으로 바꾸어 왔다.

물론 이렇게 모든 옷 문제를 해결한 것은 아니다. 미국에서는 집에서 옷 만들기 아주 편하게 다양한 옷의 본(本)을 살 수 있다. 나는 학생촌의 신문광고를 보고 5달러에 산 재봉틀로 아이뿐만 아니라 내 옷도 여러 해 동안 만들어 입었다. 다음의 사진은 내가 만든 바지를 입은 아들과 샌프란시스코의 골든게이트 공원으로 나들이 갔던 모습이다. 한국에 있을 때는 틈나는 대로 뜨개질을 해서 애인의 스웨터도 짜 주었기 때문에 옷 만드는 일은 항상 즐겁고 보람 있게 느껴졌다.

골든게이트 공원에 나들이 간 우리 모자

위에서 '내조'라는 말을 꺼냈는데, 이때 내가 확실히 내조라고 생각했던 일을 한 가지 적어 본다. 남편이 택하는 과목 가운데 매주 책 한 권씩을 읽고 요약하거나 평을 써 내는 것이 있었다. 그 세미나 구성원과 교수님을 위해 각각 한 부씩을 만드는 일을 내가 매주 하였다. 당시에는 수동식 타자기로 종이 여러 장의 사이사이마다 먹지를 끼워서 세게 두드려 여섯 내지 일곱 부씩을 한꺼번에 찍어내야 했다. 두 번째 장부터는 '양파 껍질(onion skin)'이라고 불리는 얇고 단단한 종이를 썼다. 복사기와 컴퓨터가 발달한 뒤 퇴출된 물건이지만 당시 우리에게는 필수불가결의 종이였다. 이때 오타가 생기면 그 여러 장을 모두 들추어 가며 지우고 다시 찍어야 했다. 타자 실력이 비교적 좋은 편이었으나 어려운 작업이었다. 남편의 원고는 대개 밤늦게 끝나므로 그 이튿날 세미나 시간에 맞추려면 거의 밤을 새워야 했던 주간(週間) 행사였다. 그 밖에도 나는 큰돈은 아니지만 살림에 보태려고 다른 사람들의 박사 논문 타자도 비슷한 형식으로 한 번에 다섯 부씩 찍기도 하였다.

사무직으로 취직

이듬해부터 나는 아들을 학생촌의 어린이집(Day Care Center)에 맡기고 타이피스트로 취직하였다. 처음 간 곳은 작은 보험회사였는데 나에게 주어진 임무는 사장이 녹음해 둔 고객들에게 보내는 편지를 이어폰을 통해 들어가며 타자로 치는 것이었다. 타자 실력을 인정받아 취직은 했지만 내 귀에 들려오는 보험 관련 단어들은 모두 생소하였다.

첫날부터 집에 갈 때 그 회사의 과거 편지들을 한 뭉치씩 가지고 가서 저녁때 모르는 단어들을 찾아가며 외우기 시작하여 곧 차질 없이 일해 나갈 수 있었다. 그러나 하루 여덟 시간 이어폰으로 남의 말소리를 듣는다는 것은 쉽지 않았으며 저녁때 무척 피곤해도 숙면을 취하기 어려웠다. 주말에도 손 아픈 것이 회복될 시간이 충분치 못할 정도였다. 결국 나는 이 직장을 몇 달 만에 그만두기로 하고 Dymo Industry라는 좀 나은 직장으로 옮겨 타이핑 전담이 아닌 여유 있는 사무직을 맡게 되었다.

UC 버클리 미술사 석사과정

1966년 가을 학기부터는 나도 UC 버클리의 미술사 석사과정에 입학하게 되어 본격적으로 미술사 전공의 궤도에 올라서게 되었다. 나는 한국에 있을 때 미국에 가면 서양미술사를 전공하겠다고 생각하였다. 그리스 미술, 중세 미술, 르네상스 미술 등의 과목을 택하면서 뜻밖에 제임스 케이힐(James Cahill, 1927~2014) 교수의 중국미술사 강의가 있는 것을 알고 처음에는 호기심으로 청강하였다. 그런데 곧 서양에서 중국미술사 연구가 매우 높은 수준으로 이루어진 것을 알게 되고 동양인인 내가 그런 것조차 모르고 있었다는 사실에 자괴감을 금치 못하였다.

버클리 석사과정은 매우 폭넓은 커리큘럼이라는 것이 특징이었다. 나는 한국에서 제대로 된 미술사 강의를 충분히 듣지 못하고 서울대학교 미술대학 회화과 학사학위를 가지고 왔으므로 시간은 좀 걸렸으나 서양, 중국 그리고 일본미술사 강의까지 다양하게 수강하였다. 결국 나는 케이힐 교수의 지도하에 원대(元代) 화가 성무(盛懋 생졸년 미상, 원대 말기 활약)에 관한 석사 논문을 쓰고 입학 3년 만에 석사학위를 받았다. 곧이어 나는 이 학교의 동양미술사 전공 박사과정에 입학하였다.

우리 내외가 이렇게 '압력솥' 안의 생활을 시작하니 아들 성원에게는 매우 미안한 일이 많았다. 그러나 성원이는 어린이집에서 즐겁게 지내고 있어 다행이었다. 아들은 그곳의 선생님 가운데 영화 〈바람과 함께 사라지다〉의 하녀와 비슷한 뚱뚱한 흑인 여자 Mrs. Collier를 매우 잘 따랐다. 그녀가 어쩌다가 결근을 하는 날이면 성원이는 온종일 우울해하며 저녁 무렵 내가 데리러 가면 울음을 터뜨리기도 하였다.

오후에 아이들이 모두 낮잠 잘 때 벗어 놓았던 운동화를 신을 때면 성원은 자기 신발 끈을 먼저 잘 매어 신고 다른 아이들 것을 매주기도 하여 선생님들과 아이들 모두에게 인기 있는 아이였다. 또한 그림을 잘 그려 다른 아이들의 부러움을 사며 인심 좋게 친구들에게 그려 주기도 하였다. 성원이 그림을 그릴 때는 다른 아이들이 모두 둘러앉아 구경한다고 선생님께서 나에게 전해 주셨다. 집에서도 혼자 잘 놀고, 자기가 먹고 싶은 과자는 엄마가 시험이 끝나야 만들어 준다고 하며 잘 기다려 주었다. 지금 생각하면 모두 다 마음이 짠한 일들이다.

이때 나와 같이 석사과정에 있던 친구인 Ann Stephenson과는 수십 년간 아직도 연락을 주고받으며 우정을 유지하고 있다. 앤의 남편은 법학 대학원생이었고 역시 아들이 하나 있어 우리들의 시험 때면 남편들이 주말에 아이들을 데리고 동물원에 가기도 하며 우리가 시험공부에 열중할 수 있게 해 주었다.

이보다 몇 년 뒤의 일이지만 내가 아직도 눈물 없이 이야기할 수 없는 일이 있었다. 내가 프린스턴대학의 박사과정에 들어갔을 때 성원은 중학교 1학년생이었다. 프린스턴의 중학교에서는 남자아이들에게도 가사(home economics)를 가르쳐 주었다. 이때 나는 매일 저녁 후에 다시 학교 도서관에 가서 12시 가까이 되어 돌아오는 생활을 하고 있었다. 학교 미술사 도서관(Marquand Library)이 모든 책을 그 건물 공부방의 각자 책상 위에 놓아두어야 하는, 대출 불가(non-circulating) 제도이기 때문이다. 하루는 성원이 학교에서 케이크 굽는 것을 배워 와서 저녁 후에 '실습'을 하고 아빠와 같이 맛있게 먹고 잤다고 한다. 그런데 부엌을 어찌나 지저분하게 어질러 놓았는지 다음 날 아침 "네가 케이크 굽고 싶으면 부엌 정리까지 해야 한다."라고 일렀다. 며칠 후 내가 밤늦게 집에 돌아오니 깨끗하게 정돈된 부엌에는 손도 안 댄 아름답게 장식된 케이크가 동그마니 놓여 있었다. 아이가 부엌 정돈까지 마치니 너무 피곤해서 먹지도 못한 채 잤다는 것이다. 나는 그 자리에서 눈물이 왈칵 쏟아지는 것을 금할 수 없었다.

은퇴 후 가끔 샌프란시스코의 아들 집에 가면 그때를 생각하며 아들, 며느리(Susan), 손녀(Mina), 손자(Dylan)에게 맛있는 요리를 정성껏 해 주고 온다. 손자는 생소한 한국 요리를 해 주어도 맛있게

2012년 여름 아들 가족

잘 먹고 "할머니는 정말 훌륭한 요리사세요."라며 특히 내 요리를 좋아한다. 앞으로 몇 년이나 더 이렇게 할 수 있을지 모르지만 요즈음 나의 생활 가운데 가장 보람 있게 생각되는 일 가운데 하나이다. 아래의 사진은 2012년경 하와이에서 크리스마스 휴가 때 찍은 아들 가족의 모습이다.

첫 유럽 여행

나는 1969년부터 버클리에서 박사과정을 시작하였으나 1970년 5월에 먼저 박사학위를 받은 남편이 그해 9월부터 뉴욕 시립대학의 브루클린 칼리지(CUNY Brooklyn College)의 조교수로 발령받게 되었다. 따라서 나는 버클리의 박사과정을 중단하고 가족과 함께 뉴욕으로 이사하였다. 당시 부부 유학생 가운데는 부인이 학위를 마치느라 가족과 떨어져 지내는 경우를 종종 보았으나 나에게는 혼자 버클리에 남아 공부를 계속한다는 것은 생각조차 할 수 없는 일이었으므로 잠시 학업을 중단하였다.

그런데 1971년 봄학기부터 퀸스보로 커뮤니티 칼리지(Queensborough Community College, 2년제 대학)에서 '서양미술사 개설(Introduction to Art History)' 과목의 시간강사 자리가 주어졌다. 나의 버클리 석사학위와 강의조교 경험만 보고 학교 측에서 강의를 맡긴 것이다. 한 번도 가르쳐 본 적이 없는 서양미술사 개설이었지만 나는 잰슨(H. W. Janson)의 서양미술사 개설서인 *History of*

Art 를 거의 외우다시피 정독(精讀)하며 매 강의 노트를 작성하고 각 시대별 미술사 책들도 열심히 읽어가며 준비한 결과 학과장 교수님의 수업 참관도 무사히 통과하여 여름 학기는 물론 가을 학기에도 강의 요청을 받게 되었다.

그러나 나는 버클리에서 명강의를 들으며 특히 건축사 부분에서 보니(Bony) 교수가 고딕 건축(Gothic Architecture)의 내부 공간 느낌을 설명하던 것을 떠올리며 실제 경험이 없으면 그와 같은 설명이 불가능하다는 것을 깨닫고 나의 강의가 많이 부족함을 느꼈다. 그리하여 우리 세 식구는 여름 학기를 끝낸 후 가을 학기가 시작되기 전에 한 달간 첫 유럽 여행을 다녀오기로 하였다. 프랑스, 이탈리아, 그리스, 영국 등 네 나라를 비행기와 자동차 여행을 적절히 배합하여 내가 강의에서 보여 주어야 하는 유명한 교회, 신전, 미술관 등을 알차게 답사하였다. 이때는 많은 사람들이 프로머(Arthur Frommer)라는 사람의 책 *Europe On Five Dollars a Day*(하루 5달러로 유럽 여행)라는 책을 열심히 보며 싸지만 좋은 호텔과 음식점을 찾아다녔다. 우리도 이 책에 의존하여 비교적 싼값에 다닐 수 있었다.

이때 남편은 나를 위해 망원과 광각 렌즈를 바쁘게 바꾸어 가며 많은 사진을 찍어 주었다. 이 슬라이드들과 유럽 박물관, 미술관에서 구입한 컬러 슬라이드들을 적절히 사용하며 나의 새로운 건축과 회화의 관점을 강의한 가을 학기는 나 자신에게도 만족스럽게 생각되었다. 학과장 교수님은 수업을 참관하고 매우 놀라며 학과

에 비치된 슬라이드를 좀 더 확충하도록 지시하였다. 이때 다녀온
교회, 미술관, 기념물 가운데 많은 곳이 남편이 찍은 사진들과 더불
어 후에 출간된『내가 본 세계의 건축』(한국건설산업연구원, 2001, 대원
사, 2004)에 나의 글과 더불어 실렸다.

프랑스에서는 날씨가 선선하였으나 8월 말의 이탈리아와 그리
스는 무척 더웠다. 성원이는 나름대로 열심히 따라다녔으나 계속
되는 강행군에 지치기도 하여 가끔씩 아빠와 호텔에서 쉬기도 하
였다. 하루는 피렌체에서 내가 그 유명한 미켈란젤로의 다비드
(David) 입상(立像)을 보러 아카데미아 미술관(Academia Gallery)에
혼자 갔다 와 보니 아이는 그림을 그리며 시간을 보냈다고 한다. 그
동안 따라다니며 본 그림들이 대부분 종교화였으므로 예수가 십자
가에 매달린 모습을 그려 놓고 그 밑에는 해골을, 십자가 꼭대기에
는 [INRI – Jesus Nazarenus Rex Judaeorum]라는 팻말도 잊지

않고 그려 넣었다.

　미켈란젤로의 〈천지창조〉가 그려진 바티칸의 시스티나 성당의 천장 그림을 한참 들여다보더니 나에게 "엄마, 저게 진짜 사람들이에요?(Mom, are they real)?" 하는 것이었다. 성 베드로 성당의 입구 오른쪽에 놓여 있던 미켈란젤로의 피에타(Pieta), 즉 죽은 예수를 무릎에 걸쳐 안고 슬퍼하는 성모상 조각 앞에서는 움직일 줄 모르고 오랜 시간 그 앞의 난간에 매달려 있어 우리가 겨우 떼어 놓았다. 나가는 길에 나는 그 조각의 조그만 모조품을 하나 사서 아들에게 주었다. 수천 년의 미술사에서 셀 수 없이 많은 '~ism'들이 탄생했으나 가장 강력하게 사람에게 어필하는 것은 바로 사실주의(realism)

성 베드로 성당 앞에서

미켈란젤로의 피에타 모조품

산 로렌초 성당 앞에 서 비둘기를 쫓는 아들 성원

라는 사실이 초등학교 1학년생의 관점으로도 입증된 셈이다.

성원이는 원래 아빠를 닮아 어린아이치고는 과묵한 편이었는데 프랑스, 이태리, 그리스 등 비(非)영어권 나라에서는 아예 말을 잃은 아이가 되었다. 그런데 우리가 마지막 여행지인 영국에 도착하자 갑자기 아이가 수다쟁이가 되어 다른 사람들에게도 말을 걸고, 특히 엘리베이터 운전사에게 계속 말을 거는 것이었다. 약 3주간 말이 통하지 않는 '이상한 나라들'을 다니느라 아들을 이렇게 벙어리로 만들었다는 생각을 하면 그 신기한 유럽의 유적들도 빛을 많이 잃었다.

1973년부터 나는 롱아일랜드(Long Island)에 위치한 4년제 사립 대학교인 호프스트라 대학교(Hofstra University)에서도 시간강사를 하게 되었다. (2016년 미국 대선 기간 중 이 학교는 부자 동문들이 거금을 내고 트럼프와 힐러리 대통령 후보의 공개 토론을 자신들의 학교로 유치하여 이

름을 알리기도 하였다.) 이 학교에서는 서양미술사뿐 아니라 한국미술
까지를 포함한 폭넓은 동양미술사를 가르치게 되어 나는 1971년
부터 1975년 봄 학기까지 다양한 과목을 가르치는 경험을 쌓게 되
었다.

　이 대학의 학과장은 이때 '전신이 화가'인 미술사 교수들에게 자
신들의 작품을 출품하도록 하여 학과에서 조촐한 리셉션과 더불어
전시회를 열었다. 서양 인상파 그림들의 '일상생활의 한 장면(slice
of life)'을 연상케 하는 이 흑백사진은 그때의 리셉션 장면이다. 마
이런(Robert Myron) 학과장님의 뒤로 보이는 벽에 걸린 '세잔느
(Paul Cezanne) 풍'의 정물화가 내 그림이며, 니트 모자를 쓰고 왼편
에 서서 와인을 마시는 여인이 당시 나의 모습이다.

　한국, 대만, 일본 답사여행

1973년 호프스트라 대학의 교수 작품 전시회에서

1973년 여름에는 강의에 생기를 불어넣기 위해 일본, 한국 그리고 대만까지 다시 세 식구가 한 달간 답사 여행을 다녀왔다. 이 당시 우리나라는 지방 도로가 아직 잘 정비되지 않았을 때였는데 남편은 어머니께서 타시던 '마크 V' 승용차를 운전하며 다녔다. 어느 날 김유신 장군 묘를 찾아가는 길에 타이어에 펑크가 났다. 할 수 없이 남편은 억지로 근처의 외양간까지 차를 밀고 가서 소들을 놀라게 하며 타이어를 바꾸어 끼운 일도 있었다.

시골에서 드넓은 벌판의 논을 보고 성원이는 잔디밭이냐고 물었다. 논이라고 설명해 주니 차를 세워 달라고 하며 논두렁으로 내려가 가까이 가서 보고 신기해하였다. 사찰들에 가면 입구 양쪽에 서 있는 사천왕상(四天王像)의 과장된 모습을 특히 좋아하여 언제나 절에 가면 먼저 뛰어가서 이들을 찾아가 보았는데 하루는 어느 절에서 이들의 우락부락한 조각상 대신에 벽화로 대치해 놓은 것을 보고 아이는 매우 실망하는 모습이었다.

이렇게 미술사와 더불어 재미있기도 하였던 약 5년간의 세월이 흘렀다. 그러나 우리 내외는 한국에 돌아갈 날을 대비하여 내가 박사학위를 취득해야 한다는 데 의견을 모았다. 1974년 가을 어느 날 나는 케이힐(James Cahill) 교수의 소개로 프린스턴대학의 중국회화사 담당 Wen C. Fong(方聞之 1929~2018) 교수를 뵈러 갔다. 그는 당시 미국에서 중국회화사 분야의 '황제'로 군림하며 뉴욕의 메트로폴리탄 미술관(Metropolitan Museum of Art)의 동양미술 부문의

'Consultative Chair'라는 직책도 맡고 있었다. 상해의 상류층 출신인 키 큰 교수는 첫 만남에서 나를 과히 탐탁히 여기는 것 같지 않았으나 결국 나는 케이힐 교수의 후광으로 박사과정에 입학하였다.

프린스턴대학 동양미술사 박사과정

1975년 가을 우리는 나의 박사 공부를 위하여 프린스턴으로 이사하기로 결정하였다. 이렇게 되면 나는 학교 근처에 살며 학업에 열중할 수 있었지만, 남편은 차로 편도만 두 시간 가까이 통근해야 하는 것이었다. 그래도 그는 이를 감수하고 이사를 결정하였다. 그의 생각은 강의 없는 날에는 프린스턴대학 도서관을 이용하여 효율적으로 자신의 연구에 매진할 수 있다는 것이었다. 그는 또한 일본어 강의도 청강하여 실력을 키울 수도 있었다. 실제로 남편은 이 시기에 미국 정치학계의 정기간행물들에 매우 좋은 논문들을 기고할 수 있었으므로 나의 미안한 마음이 다소 감소되었다.

프린스턴 동양미술사 박사과정 학생들은 중국어에 유창하지 않을 경우 입학허가를 받은 후 중국어를 익히기 위해 1~2년간 타이베이에 있는 스탠퍼드 센터(Stanford Center)의 국제 중국어 프로그램(International Chinese Language Program)에서 어학 연수를 받고 프린스턴으로 돌아왔다. 그러므로 이 미국 학생들은 자기들끼리 많은 경우 중국어로 대화하였다. 웬퐁 교수는 나에게 이 과정을 이수할 것을 요구하지 않았으므로 처음에 나는 다른 학생들과 잘 어울리기 힘들었다.

또한 그동안 몇 년씩 학업을 중단하다 박사과정에 들어온 탓에 동기생들과는 적게는 8년, 많게는 10년이나 나이 차이가 있었다. 따라서 나는 많은 열등감을 가지고 과정을 시작하였다. 설상가상으로 이즈음 심한 편두통을 앓기 시작하여 하루 종일 토하고 아무것도 못하는 날이 가끔씩 있었다. 이런 상태에서 어느 날 세미나에서 발표할 차례가 되었다. 학기 후반의 가장 큰 발표였으므로 결코 빠질 수 없어 나는 발표를 시작하고 중간에 두어 번 "Excuse me." 한마디와 더불어 얼른 화장실에 가서 토하고 와서 다시 발표를 계속하였다.

이 기간 동안 동료들과 더불어 뉴욕, 보스턴, 필라델피아 등지에 있는 많은 박물관과 개인 소장품들을 볼 기회를 가졌던 것은 귀중한 경험이었다. 산수화가이자 수장가로 유명한 C. C. Wang(王季遷 1907~2003)의 뉴욕 아파트에 가면 그는 중국 귀족처럼 곤색 치파오(旗袍)를 멋지게 입고 족자 그림들을 자신이 직접 차례로 벽에 걸어주거나 기다란 상 위에 두루마리 그림을 펼쳐 보여 주었다. 그뿐 아니라 '공부'가 끝나 저녁 시간이 되면 학생들을 데리고 중국 음식점에 가서 맛있는 요리와 더불어 토론을 이어갔다. 이렇게 자동차로, 기차로, 혹은 비행기로 작품들을 보러 다니는 모든 비용은 학과의 스피어스 기금(Speer's Fund)이라는 소액 장학금으로 모두 해결되었다. 그리고 이 기금은 박사 시험을 통과한 학생들이 논문을 쓰는 과정에서 필요한 복사 비용도 200달러 한도 내에서 도와주었다. 부자 학교는 역시 다르다고 생각하였다.

웬퐁 교수는 학생 한 사람 한 사람의 세미나 발표 준비를 세심히 도와주는 특징이 있었다. 발표 전에도 그렇지만 바로 일주일 전에는 한 학생을 온종일 1대 1로 지도해 주었다. 일주일에 한 번 있는 세미나는 오후 2시부터 시작되어 저녁 시간이 되면 끝내는 것이 아니라 다 같이 학교 식당에 가서 저녁을 먹고 들어와 계속하였는데 밤 12시를 넘기기 일쑤였다.

당시 중국회화사의 주된 관심사는 원대(元代) 회화였다. 결국 나는 원대 오진의 '묵죽보(墨竹譜)'에 관한 박사논문을, 같은 세미나 멤버인 매기 빅포드(Maggie Bickford, 후에 Brown University 교수)는 왕면(王冕 1287~1359)의 묵매(墨梅)에 관한 논문을 작성하였다. 조맹부(趙孟頫 1254~1322) 연구로 시작한 Mike Hearn(현재 Metropolitan Museum of Art의 동양미술 부장)은 후에 테마를 바꾸게 되었다. 대만에서 유학 온 또 다른 친구 석수겸(현 대북 中央研究院 교수)은 전선(1239~1301)을 연구하는 등 원대 일색인 재미있는 현상을 볼 수 있었다.

프린스턴의 박사논문 자격시험인 논자시(論資試, General Examination)는 하루 여덟 시간씩 사흘을 꼬박 보는 형식이었다. 첫날에는 '동양미술사 전반'을 폭넓게 시험 보고, 둘째 날 하루는 나의 세부 전공인 '중국회화사'를, 그리고 셋째 날에는 부전공, 나의 경우 중국지성사(知性史)를 시험 보는 것이다. 이 시험들을 준비하느라 학생들은 수도 없이 많은 책과 논문을 읽고 준비한다. 나는 그때 노트를 지금도 가지고 있다. 시험 날짜는 자기가 선택하는 것이지만 수험생이 둘일 경우 날짜를 맞추어 같은 날에 보게 한다. 나는 매기와 같은 날 보기로 되어 있었는데 그 며칠 전 매기가 나에게 일주일 연기하자고 전화하였다. 아들 성원이 마침 옆에서 엿듣다가 "엄마, 연기하면 절대로 안 돼요. 내가 너무 힘들어요.(I can't stand it anymore)"라고 강하게 참견하는 것이었다. 나의 '논자시'가 이토록 우리 식구 모두를 긴장된 분위기로 몰아넣고 괴롭힌 것을 생각하면 지금도 미안한 마음을 금할 수 없다.

시험 당일 수험생은 전기 타자기 한 대만 놓인 빈방에 들어가 여덟 시간 동안 타자기로 답안지를 작성하여 오후 5시에 학과의 비서에게 제출하고 가는 것이다. 대개 시간을 초과하게 되지만 비서는 사정을 보아주어 늦게까지 퇴근하지 않고 기다려 주었다. 나는 종이와 연필만 가져가서 답안의 대강을 우선 메모한 후 곧바로 타자기로 에세이를 작성하였다. 이런 방식으로 온종일 30장이 넘는 답안지를 작성하여 제출하였다. 점심은 가지고 간 요구르트 한 통과 복도에 비치된 더운 차로 때웠다. 이렇게 월, 수, 금, 사흘을 지나 시험은 끝났다. 다행히 세 과목 모두 합격하였고, 이때는 박사학위를 다 따 놓은 것같이 '즐거운 착각'을 잠시 누렸다.

1978년 가을 학기부터 남편은 고려대학교로 직장을 옮기게 되었다. 아들은 중학교 2학년을 마친 시점이었는데 자기는 한국에 가서 공부할 자신이 없다고 하였다. 이때 아이가 다니던 존 위더스푼 스쿨(John Witherspoon School)의 교장 필 커브(Phil Cobb) 씨는 우리와 가까이 살고 있었는데 어느 비 오는 날 저녁에 느닷없이 문을 두드리는 소리에 나가 보니 그는 편지 한 장을 주고 가는 것이다. 짤막한 편지의 내용은, 우리가 한국에 돌아가게 되면 성원이를 자기가 맡아줄 것이며 우리가 하던 대로 피아노 레슨까지 계속할 수 있도록 도와주겠다는 것이었다. 너무도 감동적인 제의였다. 결국 우리는 성원이를 프린스턴 근처에 있는 남자 기숙학교인 로렌스빌 스쿨(Lawrenceville School)에 보내기로 하였다. 이 학교는 옛날부터 프린스턴에 많은 학생을 입학시키는 학교로 알려져 우리는 안심하고 아들을 미국에 두고 귀국하였다.

커브 교장 선생님께서는 메인 주에 있는 여름 캠프를 운영하셨는데, 성원이를 여름 방학 동안 그 캠프에서 일하도록 도와주셨다. 이 캠프의 어린 여자아이들에게 테니스를 가르치는 일 (아들은 프린스턴의 주니어 챔피언이었음)과 다른 잡일들을 가리지

로렌스빌 스쿨의 교정에 선 성원

메인주의 여름 캠프에서

않고 했다고 한다. 그 가운데 돼지우리를 청소하는 일이 제일 힘들었다는데 청소 후 나돌아다니는 돼지의 미끌미끌한 몸을 잡아 다시 우리 속에 넣는 일이 가장 힘들었다고 한다. 그러나 성원은 이 캠프 생활의 경험을 '감동적인' 에세이로 작성하여 명문 브라운대학(Brown University)에 조기 입학허가를 얻게 되었다.

나는 논자시가 끝난 상태에서 곧바로 프린스턴을 떠나면 논문의 기초 작업에 많은 차질이 있을 것을 염려하여 우선 남편만 귀국하는 것으로 결정하였다. 서울에서는 시어머님께서 아드님을 잘 보살펴 주실 것이므로 안심할 수 있었다. 나도 성원이를 미국에 혼자 두고 귀국하는 것보다 프린스턴에 일 년 더 있으며 가까이서 그의 '홀로서기'를 지켜보는 것도 필요하다고 생각하였다. 이렇게 하여 나의 기나긴 학업 과정에서 처음으로 우리 세 식구가 뿔뿔이 흩어져 1년을 지내야 하는 일이 드디어 발생하였다. 이 기간 동안 나는 미국 내에서 보아야 할 작품들을 더 실사(實査)하고 학교 도서관에서 할 수 있는 기초 연구를 되도록 많이 한 후 1979년 가을에 귀국하였다.

이 시기에는 한국에 아직 미술사 전공자가 부족한 실정이었으므로, 나의 논문을 마치는 것이 더 중요한 일이었지만, 당시 안휘준 홍익대 교수의 제의로 홍익대 대학원에서 〈중국미술사〉 강의를 하게 되었다. 뿐만 아니라 당시 남편의 동료인 안병준 연세대학교 교학처장님의 제의로 그 대학에서 오랫동안 설강(設講)하지 못하였던 〈교양미술사〉 과목도 맡게 되었다. 나는 동서양미술사에서 건축, 조각, 회화를 통틀어 명작들을 소개하는 강의를 꾸몄는데 처음에 5, 60명 학생으로 시작한 강의가 두 번에 걸친 수강신청 변경 기간 후에 학생 수가 너무 많아져서 이 대학의 무악극장으로 교실을 옮겨야 할 만큼 인기가 많았다. 이때 처음으로 미술사 강의를 들은 학생들 가운데 두 사람이 미술사를 전공하게 되었다고 한다. 이들은 모두 박사학위를 취득하고 남학생은 현재 국립 나주박물관 관장으로 재직 중이며, 여학생도 미국에서 박사학위 취득 후 귀국하여 활동 중이다.

그러나 나의 건강에 이상이 있어 약 1년간 또다시 학업에 집중하기 어려웠다. 내가 드디어 박사학위를 받게 된 것은 1983년 8월 말경이었다. 프린스턴에서는 박사논문을 제출하고 구두시험을 보는 제도가 있었는데 이 과정을 나는 국제전화로 치르고 그 무서운 웬 퐁 교수님의 축하를 받으며 학위를 취득하였다. 그 후 나는 메트로폴리탄 미술관에 한국미술실을 만드는 과정에서 퐁 교수님과 긴밀하게 같이 일을 하게 되어 두 사람의 관계는 보통의 사제지간을 넘어 동료관계로 발전하였다. 이 미술관의 한국미술실은 나의 책『내가 본 세계의 건축』에 소개되었다.

1995년 여름 나는 한국국제교류재단이 주관하는 미주지역 박물관과 대학에 연사(演士) 파견 프로그램의 일환으로 프린스턴대학에 가게 되었다. 이때 나의 모든 교수님들이 내 강의를 들으러 들어오셨다. 나의 '사기 띄우기(ego boost)'가 이루어진 순간이었다. 그러나 나는 이 교수님들 앞에서 프린스턴 시절을 생각하면 지금도 가슴에 커다란 돌덩이가 느껴진다는 말로 강의를 시작하였다. 이 말은 지금도 사실이며 내가 얼마나 어려운 시절을 보내야 했는가를 집약적으로 표현하는 것이었다. 강의가 끝난 후 나의 지성사(知性史) 교수였던 피터슨(W. Peterson) 교수가 나에게 다가와서 "우리가 그리도 마음고생을 시켰던가요?(Oh, Song-mi, did we make you feel so bad)?"라고 하여 나는 그게 아니라 내 자신의 문제였다고 말씀드렸다.

2014년 4월에 나는 한국인으로는 처음으로 프린스턴 미술사학과의 부속 기관인 탕 동아시아 미술 연구소(Tang Center for East Asian Art)에서 주관하는 유명 교수 초청 강연에 초대되었다. 이 강의는 2주 동안 프린스턴에 머물며 일반에게 공개되는 강좌 세 번, 그리고 교수와 대학원생이 참석하는 세미나 두 번을 하는 것이었다. 이 강의와 세미나 준비를 위해 나는 실로 많은 시간을 할애하였다. 이를 위하여 나의 제자들에게 파워포인트 자료 도움도 많이 받았다. 끝나고 모두 좋은 평가를 받았으며 세미나에서 다루었던 조선시대 의궤에 관한 영문 단행본 출판을 제의받았다. 미국 남부의 귀족적인 분위기로 꾸며진 교수 게스트 하우스(Faculty Guest House)에서 2주간 머무는 좋은 경험도 하였다.

프린스턴의 '유산(legacy)'으로 내가 한국정신문화연구원 한국학 대학원에 도입한 것은 논문자격시험 제도의 개혁이었다. 내가 1989년 봄 학기에 처음으로 정문연에 갔을 때는 박사논문 자격시험이라는 것이 과목에 구분 없이 한 시간만 보는 시험으로 되어 있었다. 예술연구실 실장을 맡으며 나는 미술사 부문이라도 이 제도를 단계적으로 고쳐나갔다. 결국 미술사 전공 학생들은 하루 8시간

프린스턴대학의 교수 게스트 하우스

316

프린스턴대학의 교수
게스트 하우스 식당의
유리창

은 아니더라도 전공 두 과목과 부전공 한 과목을 처음에는 각각 90
분씩, 그리고 후에는 각각 세 시간씩 필기시험을 보도록 하였다.

2003년 1월 내가 대학원장에 취임하자 한국학대학원 학생들 사
이에는 '프린스턴식 논자시'라는 공포 분위기가 조성되었다고 한
다. 그러나 나는 이 문제를 전적으로 각 분야의 담당 교수님들께 일
임하는 방향으로 대학원을 이끌어갔다. 논자시보다 더 중요한 나
의 '업적'은 약 40개의 책상이 있었던 대학원생 공부방에 책상마다
인터넷을 연결하여 준 것이었다. 그때까지는 단지 세 개의 책상에
만 인터넷이 연결되어 있어 학생들 공부에 많은 불편이 따랐다. 당
시 한국학 정보센터 소장을 맡고 계셨던 전택수 교수님을 설득하
여 상당한 비용이 드는 일이었지만 우선적으로 실행하였다. 또한
우리 연구원에서 여름날 온도가 30도가 넘어야 에어컨이 가동되던
그 시절 이 공부방에 키 큰 선풍기를 몇 대 설치해 주기도 하여 나
는 대학원생들에게 많은 인기를 얻었다.

한국학 대학원이므로 모든 학생들은 기본적으로 한국미술사 전공이었다.

그러나 나는 이 학생들에게 서양미술사의 기초가 반드시 필요하다고 생각하여 세 시간 정도의 서양미술사 강의를 해 주었다. 자연스럽게 나의 유럽 여행 슬라이드들이 많이 등장하였다. 이때 같이 강의를 듣던 홍익대학교 박사과정의 이송란(현 덕성여대 교수)은 내 슬라이드 한 장을 빌려가 그 다음 시간에 프린트한 사진을 액자에 넣어 같이 돌려주었다.

이 사진은 피렌체의 우피치 미술관(Uffizi Gallery)에 걸려있는 보티첼리(Botticelli)의 〈비너스의 탄생〉 앞에 서 있는 1971년 여름 나의 모습이다. 내가 직접 만든 원피스를 입고 있다.

최근 몇 년간 한국에서 직접 프린스턴으로 입학허가를 신청하는 학생들이 많아지며 프린스턴 동창회에서는 이 학생들을 현지에 있

우피치 미술관에서

318

는 동창들이 영어로 면담하는 제도(ASC: Alumni Schools Committee)를 활성화하고 있다. 나도 여기에 동참하여 이들을 인터뷰하고 그 리포트를 프린스턴에 보내는 일을 했다. 이때 어느 학생이 나에게 "프린스턴 출신이라는 사실이 선생님께는 어떤 의미를 갖나요?(What does it mean to you to be a Princetonian)?"라는 질문을 던졌다. 한 번도 생각해 보지 않은 문제였지만 나는 곧바로 "내 인생의 모든 것이지요.(It means everything in my life.)"라고 답하였다. 그토록 나 자신뿐만 아니라 가족들마저 힘들게 하였던 나날들도 지금은 모두 보람을 안겨 준 아름다웠던 과거라고 생각되어서였을까?

이 책에 기록된 글과 사진, 기타 이미지로 엮어진 '나의 외교가 산책'은 내 인생 전체로 보면 매우 짧은 기간의 일들을 다룬 것이다. 햇수로 보면 약 4년간, 그것도 약 10년의 간격을 두고 2년씩 두 번에 걸쳐 있었던 일들의 이야기이므로 '회고록'이라고 부르기에는 부족할 것이다. 그러나 분명 나에게는 기록으로 남겨둘 만한 가치가 있다고 생각되는 경험들이었다. 이들은 남편의 직책으로 인하여 내가 수동적으로 처하게 된 환경의 산물이기는 하지만, 아무나 해 볼 수 없는 매우 특별한 것들이므로 나로서는 당시의 모든 새로운 일들에 능동적으로, 그리고 도전 정신을 가지고 열심히 해 나갔다고 자부한다.

물론 나의 본업인 한국정신문화연구원의 미술사 담당 교수직,

그리고 2003년 시작된 대학원장 직책을 상당 부분 희생했음을 인정해야 할 것이다. 남편이 장관직을 수행하는 동안에는 나는 평소처럼 거의 매일 출근했다. 나는 우리나라 외무부 장관 부인으로는 보기 드문 전문직 여성이었다. 그러나 내가 꼭 참여해야 하는 여러 외무부 행사들로 인하여 많은 시간을 빼앗겼기 때문에 연구 과제들을 기일 안에 마치기 힘들었다. 남편이 주미대사로 임명되자 갑자기 워싱턴으로 떠나가야 했던 일은 제자들에게 아직도 미안하게 생각한다.

미술사학자인 내가 외교가에 남긴 발자취는 분명히 남달랐을 것으로 생각한다. 특히 문화외교를 중요시하는 최근의 추이를 보면 더욱 그렇게 생각된다. 남편의 장관 시절에는 부인회의 활동에 외무부의 특성에 맞는 공개 문화강좌 개최를 위해 정성을 기울였고, 주미대사 시절에는 관저의 만찬이나 오찬 행사에서뿐만 아니라 미국 여러 도시의 대학과 박물관, 미술관 들의 초청을 받아 한국문화의 여러 가지 면을 소개할 기회를 갖게 되었다. 나에게는 미술사와 외교의 만남이 이루어지는 즐거운 순간들이었다.

제IV부 '나의 대학원 시절의 경험'을 다룬 두 편의 글은 이 책에서 내 생애의 50대와 60대로 이어진 기간 동안 미술사학자, 외무장관 부인, 그리고 주미대사 부인이라는 세 가지 역으로 비쳐진 나의 그 이전의 모습을 보여드리기 위하여 작성해 넣은 것이다. 독자들에게 내 생애의 또 다른 면을 알려드림으로써 전체적으로 무리 없이 나를 이해할 수 있게 한 것이다.

미국에서 귀국한 후 곧바로 정년퇴임을 맞게 된 나는 교수 65세 정년퇴임 제도가 그렇게도 반가울 수가 없었다. 그동안 밀렸던 연구 과제를 여유 있게 해결하는 동시에 내가 처음부터 참여해 왔던 외교부의 외규장각 의궤 반환협상에도 다시 참여할 수 있게 되었다. 특히 2006년 2월부터는 '외규장각 도서 자문 포럼'이라는 소규모 전문가들의 회의에 참여하여 좀 더 구체적으로 정부에 건의안을 낼 수 있었다. 2011년 5월에 이들 의궤는 드디어 장기대여라는 형식으로 한국에 돌아오게 되었고, 그해 7월 19일부터 국립중앙박물관에서는 '145년 만의 귀환'을 기념하는 대대적인 전시가 열렸다. 나는 이때 전시 준비, 도록 제작, 그리고 공개 강좌 모두에 적극적으로 참여하게 되었다. 퇴임하기 몇 년 전부터 집중해 온 의궤 연구 성과는 나에게 한국사회에 적지 않게 공헌할 기회를 갖게 해 준 것이다. 결국 이러한 나의 학문적 노력이 국가의 인정을 받게 되어 2011년 9월 '국민훈장 동백장'을 수훈하였다.

최근 나의 마지막 영문 저서가 될 *Recording State Rites in Words and Images: Uigwe of Joseon Korea* 가 프린스턴대학 출판부에서

Recording State Rites in Words and Images: Uigwe of Joseon Korea

출간되었다.(2024. 2. 27)

국내외 대학이나 기관들의 요구가 있을 때마다 나는 영어로 한국의 미술과 문화에 관한 강의에 기꺼이 응하며 여유로운 은퇴 생활을 보내고 있다.

이 책에 실린 글들은 시간적으로 우선순위에서 뒤로 밀려나기는 했지만, 후배들, 특히 외교부 젊은 직원들의 배우자들에게 조금이라도 도움이 되기를 바라는 마음에서 기록한 나의 외교가 산책의 회고록이다.

나의 외교街 산책

초판 1쇄 발행 | 2024년 4월 25일

지은이 | 이성미
펴낸이 | 이성수
주간 | 김미성
편집장 | 황영선
디자인 | 여혜영
마케팅 | 김현관
펴낸곳 | 올림
주소 | 07983 서울시 양천구 목동서로 77 현대월드타워 1719호
등록 | 2000년 3월 30일 제2021-000037호(구:제20-183호)
전화 | 02-720-3131 | 팩스 | 02-6499-0898
이메일 | pom4u@naver.com
홈페이지 | http://cafe.naver.com/ollimbooks

ISBN 979-11-6262-060-1 (03340)